法會50問

學佛入門Q&A

法鼓文化編輯部 編著

〈導讀〉

進入諸佛海會淨土

人生的旅途、修行的路上，總會碰到有形、無形看似跨越不過的障礙與疑惑，總會暗中冀望被光明的力量所指引、所包容、所轉化。而我發現「法會共修」正是直接了當化解困境、迎向光明的寶山祕門。

「法會共修」是以儀式的展演，結合佛法精華、修行方法，梵唄唱誦與禮佛懺悔，提供眾生走向成佛之道的「入門」典禮。入得此門宛如進入靈山妙境，沐浴在諸佛菩薩的光明大海中，憑藉佛力與共修的力量，洗心滌垢、懺悔業障、迴向功德，開啓靈犀，發菩提心，乃至直趨解脫之道。可以說「法會共修」是歷代祖師的心血結晶，是中國佛教獨特的寶山祕門，爲芸芸佛子開啓妙捷易行的實修之路！

然而以上這一番體悟是在學佛多年後，實際參加拜懺法會後才明白的。

法會的本源基義，溯自佛陀時代就是聽經聞法之會。我喜歡聽經聞法，每每有機緣得聞經法奧義，總有泫然欲涕的感動。除此之外，讀碩士班時，跟隨年輕剛出道的聖嚴師父打禪七，也讓我親身體驗到佛法的甘露味，奠定一生對佛法堅定的信心。但是對於具有儀軌的各式拜懺法會，則一直沒有任何興趣參加，誤認那還是一直停留在自明清以來，徒具形式的經懺佛事中。

直到有一年到印度朝聖，在佛陀成道的菩提伽耶正覺大塔下，同團的陌生長輩慎重告知，她感應到我往生已久的外婆在向我要功德。由於說出了很多往事，半信半疑之際，遂答應如其指示參加三場法會迴向外婆。

參加的第一場法會是新春的「梁皇寶懺」，參加梁皇寶懺才知其內容博大精深，宛如濃縮精華版的佛學寶庫；配以梯次分明的實修之路，是名副其實的「寶懺」。爲期七天的法會，不斷跟隨儀軌唱誦與禮拜，這對我是新奇的經驗。在維那法師宏亮悠遠、渾厚莊嚴的唱誦引領下，彷彿開啓了時空轉換之門，乘著歌聲的翅膀，大衆宛如進入「諸佛海會」的淨土之中，我跟隨大衆一起唱誦禮拜，專心致志妄念皆消，很快地消融在合一的音聲海中。然而在法會開始的前三天，不斷頻繁地起立與跪拜，讓我腰痠背痛身體沉重，但到了第四天，跪拜諸佛之際，身體頓然輕鬆起來，不再有勞累沉重之感。更奇妙的是，農曆七月第二次參加梁皇寶懺，身體的覺受變得無比輕鬆與莫名的喜悅。

爾後又陸續參加了慈悲三昧水懺、三時繫念、瑜伽焰口等法會。也參加了諷誦《法華經》、《金剛經》、《地藏經》等的誦經法會，深深體會到唱誦經文的聲情之美對身心的轉化之效，以及「大衆會誦」的共修力量大。也讓我感到因緣不可思議，深深感恩往生的外婆，在冥冥之中引領我進入「法會共修」的這一座寶山祕門。

《法會50問》可謂進入「法會共修」寶山祕門的導覽手冊，全書五十問分爲四大單元：第一單元「參加法會，體驗淨土」，解說法會的意義與精神，分析法會與廟會的差別、拜懺超度與民間普度的區別等，提供參加法會應有的正知正見。

第二單元「參加法會有方法」，對參加法會所應注意的具體細節提出說明與叮嚀，例如從參加法會的服裝儀容到所要先做的功課、如何選擇適合自己的法會、法會的基本流程與術語、如何做功德迴向等。

第三單元「非參加不可的法會」，簡單扼要地介紹當代臺灣盛行的十來種法會如：觀音法會、地藏懺法會、梁皇寶懺法會、水陸法會等，各類法會的性質、內容與功效。

第四單元「與法相會，普度眾生」，則針對法會提供消災祈福與超薦所進行的具體作法如寫牌位、點光明燈、打齋等進行說明。尤有特點的是提出可為寵物立牌位的佛法解說；而能與時俱進、跟上時代腳步的則是將「雲端牌位」與「網路共修」也納入參加法會的範圍中。

此外，特別針對在家誦經和參加法會的區別進行釐清；也對禪修者是否需要參加法會進行說明，而這兩者正是往昔躲在自家小佛堂自修的我，所最需要打破的執著。

因此，《法會50問》無論是對初參法會的入門新手，乃至參加法會的老參，都可謂是深入淺出提綱挈領，卻又面面俱到的指引。

政治大學中文系教授
丁敏

目次

1 參加法會，體驗淨土

2 參加法會有方法

3

非參加不可的法會

4

與法相會，普度眾生

1

參加法會，體驗淨土

Question

01 什麼是法會？

談起佛教的共修活動，「法會」算是許多人認識佛教的入門磚。但是學佛新手初來法會現場，對法會內涵及儀軌還不認識，往往只能從陌生的環境中自行摸索，尤其在知客處跟著大衆寫牌位、點燈，讓不少人誤以爲法會僅是爲了消災延壽、超度亡者而設的佛事。那麼法會的原意究竟是什麼？佛陀時代也有法會嗎？參加法會對我們具有什麼意義呢？

法會的範疇

法會又稱爲佛事、法事，指的是各種說法或供佛、供僧及布施等活動的集會，其根本精神是「以法相會，如法修行」。一般來說，寺院的朝暮課誦、定期舉行的共修，以及根據不同經典、含攝佛菩薩誓願的經懺佛事，皆屬於法會的範疇。

當代的法會，集梵唄、供養、誦經、禮拜、念佛、持咒、觀想等多種修行法門於一身，可說是漢傳佛教所獨有；佛陀時代的法會則不然，純粹是「聽法、說法的聚會」。

佛陀成道後，在恆河兩岸遊化、應機而說，開演教法多達三百餘會。當時大眾一起聆聽佛陀說法、一起受戒誦戒，或者接受國王、大富長者的布施供養等，皆可說是法會的雛型。當佛陀入滅不在人世後，說法聽法的場景不再，迦葉尊者與五百阿羅漢集結經典，亦透過弟子之間的口耳傳誦佛陀所說的教法，開展出分享佛法、弘揚佛法的內涵。

誦經之外，僧俗弟子也在各地起造佛塔，每日早晚繞塔、禮拜、供養香花、歌詠讚歎佛的功德。佛的遺跡和舍利塔，不僅是大眾巡禮參拜的對象，也逐漸發展出定期的集會。每逢紀念日法會，更是盛況空前，法會的內容不再局限於說法、

（李東陽　攝）

誦經；出於對佛的虔敬與憶念，香花、燈、伎樂供養，以及梵唄也加入法會的行列。

回歸佛陀說法的本懷

回到法會的最初，無論是佛陀說法、經典的受、持、讀、誦，或是儀式與義理並重的經懺佛事，無非是透過種種方便，幫助我們回歸佛陀說法的本懷，讓眾生都能離苦得樂，成就佛道。

法會的形式固然隨著時空環境更迭，但其根本精神仍在，領眾的法師、參加法會的信眾，是否能體會佛陀出世本懷、祖師大德創制懺儀的心念？參加法會既不是趕廟會看熱鬧，也不是把超薦佛事交給僧眾來做，就算功德圓滿。不該只是尋求消災免難、超薦亡靈一類的心靈慰藉，這些都只是世間的安心而已。

除了提醒自己在日常生活中，開放心靈，納受法義，並如法修行，參加法會時，要從誦經過程中培養覺照力，從經文脈絡中學習佛菩薩如何去感受眾生的苦、救度眾生的苦，並將這份願心和願行延續到周遭的人，讓佛法從經文懺本中改變自己的生命、走入人群。如此一來，才能眞正回歸法會「說法聽法、修行佛法、弘揚佛法」的本然。

Question

02

爲什麼要參加法會?

觀音法會、藥師法會、地藏法會、梁皇寶懺法會、水陸法會……,佛教的法會種類繁多,許多漢傳的佛教徒都是由法會入門。法會現場,梵唄清淨莊嚴,人人安詳攝受,往往讓人忘卻塵勞,滿心歡喜,感動流淚。因此,很多人都將法會當成定期的修行功課。

不過,對於初次參加法會的人,因爲尚不熟悉儀軌內容,較不易進入狀況,參加的動機,也可能是希望佛菩薩保佑往生親人,或是爲了消災祈福開好運,甚至只是隨朋友來看看熱鬧而已。因此,他們不一定是佛教徒,甚至是第一次踏進佛教道場,面對著一排排長條桌與拜墊,不知從何進出?也不明白爲什麼大家都穿著像古裝的黑色袍子?聽到法師說著陌生的法會用語,更是摸不著頭緒。

儀軌有深意，共修力量大

法會現場通常不會介紹儀程、規矩與空間配置，置身於不熟悉的環境，初來乍到者只能自己摸索、體會。至於何時該拜、該站？何時該唱誦？誦經、禮拜、繞壇、獻供等，不同動作有什麼意義嗎？這些都是新手常有的疑惑。

要解答這些疑惑，就要回到法會的核心精神。最初的法會是佛陀說法的集會，佛陀遊化人間，爲了幫助衆生離苦得樂，趣向解脫而說法不輟。佛入滅不在人間後，衆人一起諷誦經典，就像再請佛說法一樣，所以法會是聽經聞法的共學時間，如此的共修、共學最大的好處是凝聚力強，往往比獨修的力量更大。

佛法傳到中國之後，歷代祖師們結合經文意義與修行心得，編寫出的經懺儀軌，其實就是一套修行的方法。基本上，法會儀軌的基本架構，幾乎都是以隋朝

（江思賢　攝）

智者大師製作的《法華三昧懺儀》爲本，包括嚴淨道場、淨身、三業供養、奉請三寶、讚歎三寶、禮佛、懺悔、行道旋繞、誦經、禪觀等十法。這樣的儀軌編排不僅是修行心要，也是修行的解脫法門。而法會開始前，還有勸請、前方便、一心精進等功課，更是凝聚心力，累積修行力道的重要準備工夫。

領受法義，實踐更有力

寫牌位超薦亡者、爲眷屬消災，並不是法會發祥的本意，而是後來發展出來的善巧接引。除了一般的誦經、拜懺儀軌，大型法會還有瑜伽焰口法會、齋天、普佛、功德堂迴向等佛事，這其實是把關懷祝福的對象擴及六道眾生，希望鬼道、地獄道、天道眾生也能離苦得樂。因此，用心誦持經文，就是在分享佛法的智慧，使他們心開意解。

在法會中結合梵唄唱誦的修持，眾人以合聲的方式唱出經句、懺文，讚歎佛的功德，懺悔往昔罪業，常有感動人心的力量；藉由唱誦更能把心靜下來，止息妄念，回復清淨心。法會博大精深，從穿著、威儀、唱誦到文本，仔細留心，都能反映各人的心地與修行的狀況，用心體會就是成長自我的因緣。參加之前先了解法會內容，做相關的定課，可以增加自己的精進心、信心、定力，在法會中，就可以更專心領受經文的奧義。信、解之外，還要行、證；在清楚法會的每一個環節、深入經典或懺儀的涵義之後，更要落實在平常生活裡，改變自己的生命、走入人群奉獻利他，才不離佛教重視「實踐」的宗教態度。

法會的受用，每個人都不同。修行如人飲水，冷暖自知，用心參加一遍，你就能感受到法會的殊勝。

Question

03

法會在做什麼？

透過清淨的法會，開啓了許多人學佛的因緣。「爐香乍爇。法界蒙熏。諸佛悉遙聞。隨處結祥雲……。」維那法師舉腔，衆人合誦，發自內心的音聲，充滿整個現場，清遠雅正的音聲，隨著裊裊香雲，上達天聽，而隨著跪拜、稱誦佛菩薩聖號，人人虔敬心誠，心無雜染，通澄明淨，一時如置身佛國淨土！

心與佛菩薩相應

法會，一個結合了梵唄音聲、儀軌，禮佛、咒語、誦念經典等各種大乘佛教修行法門的共修法會，是目前各寺院道場中重要的共修方式之一，也是大乘佛教爲了普化各階層大衆的特有弘化方式。一般而言，寺院每日朝暮課誦、定期舉行的各種懺法禮拜，以及依不同的經典而含攝不同佛菩薩精神的藥師、地藏、觀音法會等，皆是法會範圍。不管是恆日課誦或法會，皆不離「以念誦、懺悔培養宗教情操」的精神。

除此之外，依特定目的和特定的節日，也有不同性質的法會，例如農曆七月盛行懺悔己過與超度亡靈的梁皇寶懺法會，春節的新春普佛。不管具有超薦、消災或祈福的功能，法會展現了接引不同根機、不同的需求者，以及達到冥陽兩利的功能。很多原來不懂佛法的人，常是透過為亡者做佛事法會的過程，逐漸親近佛法。

傳達與提昇宗教情懷

我們為什麼需藉著課誦、梵唄及儀軌，才能傳達並提昇宗教情懷呢？因為宗教義理與宗教內涵有時是抽象、不易掌握的，所以需要用宗教儀式來傳達。而透過音聲所唱的梵唄，能傳達出最深沉的感動，並將自我的身心深深契入讚頌佛德的意境中，是人人簡易可行的方式。此外，音聲效果，也有利於經文的記憶。

道場嚴淨，燒香散花，鐘磬和鳴，加上一連串的儀軌，引領眾人以清淨心，與諸佛菩薩的精神相契相通，交織出法會現場高潔神聖的宗教感。梵唄音聲肅穆、平和，洗心滌慮，紛擾的心逐漸止靜。一心頂禮、讚誦諸佛菩薩，令人仰望及起效諸佛德行；禮拜懺悔文，掃除不淨行；心塵層層剝落，與佛菩薩相應的菩提心冉冉升起。隨著儀軌的進行，學佛的信力與願力也不斷轉深。

（李東陽　攝）

Question

04

拜懺和一般法會有什麼不同？

廣義的法會指的是各種說法或供佛、供僧及布施等活動集會，又稱爲法事、佛事、法要。其精神是「以法相會，如法修行」。狹義的法會是指法會儀軌，結合了梵唄音聲、禮佛、持咒、拜懺、持誦經典等各種佛教修行法門，包括寺院的朝暮課誦、懺法及依據不同經典所舉行的法會，如藥師、觀音、地藏法會皆是。

為了懺悔業障

而拜懺或稱禮懺，則是懺悔的法會，懺悔儀軌是爲了懺悔業障而進行的修行儀式，也是漢傳佛教所特有的修行法門。懺悔法在原始佛教中就已存在，主要是僧團在每半月聚會誦戒時，犯過者於大衆中告白懺悔；或是解夏安居時，在大會中，由他人舉自己的罪過，或對著其他比丘懺悔的「自恣」，如此是爲了清淨身心，以長養善法，維繫僧團的清淨。佛教傳入中國後，則逐漸形成一套完整的懺悔儀軌，目前臺灣較流行的懺悔儀軌有：梁皇寶懺、水懺、大悲懺、地藏懺等。

透過自心悔悟求懺

以觀音法門爲例，持誦〈普門品〉的觀音法會與禮拜《大悲懺》的法會，雖然都是仰仗觀世音菩薩的慈悲願力加被護佑，但前者強調「持名」法門，在持誦〈普門品〉經文時，了解無論遇到任何危難險阻，只要至誠懇切，一心稱念觀世音菩薩的名號，都能消災解難。透過〈普門品〉，也學習觀世音菩薩以三十三種應化身的「普門示現」，隨機度化衆生的大悲願心。

大悲懺法會則是「懺門」，是宋代知禮大師根據《大悲心陀羅尼經》所發

（鄧博仁　攝）

展、編寫、制定出來的懺儀，內容包含：嚴室淨業、如法供養、至心禮敬、發願持明、披誠懺悔、旋繞歸向等六大儀軌。參加大悲懺法會不僅具有收攝身、語、意的功能，透過自心悔悟求懺，到藉由禮拜、供養儀程，漸次引導禮拜者觀照自心，內化菩薩悲願爲己願；同時由衷相信自己也能依於菩薩願力，度脫煩惱懺罪消業，是祖師大德依其修行經驗留給現代人消除障礙、安定身心，並積極學習菩薩悲智願力的一帖良方。

Question

05

懺法怎麼來的？

從佛教歷史源流來看，懺法是由祖師大德依所宗的經典，擷取其中的重點內容、精神，加以表現所形成的。例如著名的梁皇寶懺法會以及隆重的水陸法會，學者專家們一般認爲是由南朝梁武帝率先創製。

智者大師掌握制懺儀的修行精神

懺儀是漢傳佛教所特有。對後代制懺影響深遠的首推天台智者大師。據史記載最早創建懺儀儀軌的是晉代道安法師，但是他所製作的儀軌並沒有流傳下來。而天台智者大師掌握的制懺儀的修行精神，和懺儀儀軌的模式，皆是後代制懺者依循的方針。但是目前我們在懺儀和各式法會中的唱誦內容，往往也結合了編制大德們自身的修行經驗與體會，因此，用心參與法會，即能精要地攝受佛法精神。

禮懺能復戒、得定、發慧

許多人以爲懺儀只是用於懺罪、消災，其實中國懺儀的特出精神，在於它是修習止觀的前方便，是重要的行門。智者大師認爲修習禪觀的首要方便是持戒清淨，若戒不清淨，則禪定不能發。而禮懺者若能懇切懺悔往昔所造諸惡業，則可消除罪障、身心清淨，進而復戒、得定、發慧。因此，禮懺可以做爲修持戒、定、慧三學的前方便。至於儀軌部分，在智者大師之前，採用大乘經典中懺悔和禮讚內容而成的懺法已經非常流行，而到智者大師時發展出完備的實踐儀軌。他依《法華經．普賢菩薩勸發品》和《普賢觀經》而成的《法華三昧懺儀》，是後世懺儀遵循的典範。此後，雖因應各時代的制懺背景，或不同根器的大衆，而有不同內容的懺儀，但大體上皆不離智者大師所立下的軌則與精神。

（李東陽　攝）

Question

06

法會與廟會有何不同？

民間信仰的廟會與佛教的法會，常被混為一談，其實兩者是全然不同的。廟會是人們為報答神明的護佑，舉行大規模的祭祀、慶祝活動，而有大規模民間文藝演出，進而帶來人潮，形成民間娛樂、貿易交流等綜合性活動。而佛教的法會，舉行目的則是為了如法修行而集會，並非為了酬神祭祀。

雖然法會經懺原是用來自修的，不是用來超度亡靈，但是後來有人將經懺佛事應用於度亡法門，也是基於自利利他的大慈悲心，希望以此利及於法界中的一切有情，同得解脫，共證菩提。但在發展的過程中，卻逐漸忽略了佛法的修行內涵，而成了薦亡的喪葬佛事，轉為祈求增福增壽與消災的現世利益法會。尤其自明朝開始，佛教的弘傳流弊極多，教義教理不彰，法會並與世俗結合，當時出現了依誦讀經典、舉行禮懺法會的種類，而定有不同價位的金錢交易。

法會變質為趕經懺

對於這種喪失佛法修行內涵的經懺佛事，明末雲棲蓮池大師在《竹窗隨筆》中形容當時水陸法會的情形爲「士女老幼，紛至沓來，如俗中看旗、看春，交足摩肩，男女混亂」形同廟會。而以趕經懺爲營生職業的僧衆，在明朝稱爲「應赴僧」或「瑜伽僧」，此類僧人占明代全數僧侶之半。聖嚴法師在西元一九六〇年所提出的〈論經懺佛事及其利弊得失〉一文中，即提及經懺佛事變成虛應塞責，住持以此做爲生意經營，僧衆則以此爲餬口的生計，於是僧格尊嚴掃地，佛門精神蕩然。諸多此類流弊，是民國以來欲提振佛教精神與地位的諸多法師大德、有志之士口誅筆伐、痛下針砭的對象，無不視爲佛法衰微與僧人尊嚴淪喪的現象。

法會是佛教徒的定期功課

隨著近三、四十年，經過多位佛教大德大力的導正，指出法會應視爲一種冥陽兩利、自利利人的共修法會，讓法會的修行精神得以漸漸發揚光大。如果參加法會而沒有修行的動機，只是希望佛菩薩保佑陞官發財，那便形同是參加熱鬧表演的廟會了。透過共修者共同的心力，如同沐浴在相互交融的燈光下，還能有同參道友的相互鼓勵，所以對於佛教徒而言，除了日常生活的自修外，參加法會，應該是提起精進心、儲存能量的定期功課。

Question

07

佛教的超度和民間普度不同嗎？

佛教對超度的觀念是「超生樂土而度脫苦趣」，超度的對象遍及六道眾生，超度的對象主要是在世間的人，是要度脫人的煩惱。至於靈界眾生則可以用佛法的力量，舉行施食或放焰口的佛事，讓墮於畜牲、餓鬼、地獄三惡道的眾生先得到飲食的飽足，再說法使他們心開意解，知所去處，用佛力引薦往生善道。佛教的超度佛事，符合五戒，不以宰殺的牲禮爲祭品，不結惡緣，儀式清淨，以清淨因結清淨果。

民間普度具有安撫的意味，以食物祭拜，希望鬼神因此而滿足，帶給祭拜者安寧，甚至是保佑。而在作法上，一般的普度十分講究祭品的豐盛，而以牲禮做爲祭品。因此，這樣的祭祀方法，反而容易引發鬼神瞋念和貪心，非結善果。

（李東陽　攝）

Question

08

超度法會與清明祭祀有差別嗎？

佛教七月舉行超度法會的觀念，是來自《佛說盂蘭盆經》。佛陀開示目犍連如何超度墮入餓鬼道的母親，可說是充滿孝思精神的一部經典。在華人社會中，農曆七月的中元普度，可說已成普遍的習俗，而佛教原本即有超度的觀念，在農曆七月既順應節氣，同時也提出佛教普度亡魂的作法。

中國人在清明節，都會祭拜祖先，表達慎終追遠。而佛教在清明節舉行的佛事，例如清明報恩佛七，所報的恩是所有有緣的眾生，不單是現世的父母，也是累劫以來的父母眷屬。因此在佛七法會中，通常設有超薦亡者的牌位，最主要也是在表達孝思，不過，最重要的仍是自己念佛的功德，而不是只有寫牌位，卻不來念佛共修。

（李東陽　攝）

Question
09

梵唄是什麼？

梵唄，是一種歌詠經典、讚歎三寶的聲調。「梵音」是清淨的聲音，是具有正直、和雅、清澈、深入人心、普遍能聽懂等特質的聲音；「唄」有止息或讚歎的意思。

梵唄的起源

中國梵唄的起源，相傳始於曹魏時代，曹植遊魚山時，聽見空中出現梵響，清揚悅耳，獨聽許久，深有體會，仿效音節，寫爲梵唄，撰文制音，流傳後世。曹植所制梵唄有六契（章），後世所傳的魚山梵唄即採自他的遺制。

中國傳統的梵唄，保持著古雅、清淨、肅穆的特色，使誦者聞之，能夠生起至誠恭敬之心，消除惡念綺想；其緩慢單調的旋律，也有助於集中精神，有利於止斷外緣，止息內心。《十誦律》提到，常唱梵唄，有五種好處：一、身體不疲；二、不忘所憶；三、心不疲勞；四、聲音不壞；五、語言易解。

梵唄的功能

梵唄主要用於三方面：一、講經儀式；二、六時行道（早晚課誦）；三、道場共修。這就是所謂「法集三科」。佛在各經典中，常有「以音聲作佛事」的說法，還勸人「以歡喜心歌唄佛法」。可見梵唄對於表達佛法的思想情感，乃至廣行教化，有重要的意義和作用。

（李東陽　攝）

Question

10

爲何能超度累劫六親有緣眷屬？

許多人會藉由拜懺或參加法會，來「超度」亡者與累劫六親有緣眷屬。六親眷屬是父、母、兄、弟、妻、子等家屬，在累生累劫裡，我們與無數的眾生結緣，無論恩怨是非如何，都要感謝眾生恩，因此超度的不該是怨親債主，而是累劫六親有緣眷屬。

爲何要「超度」呢？所謂超度，是「超生樂土而度脫苦趣」的意思，是仰仗家屬親友爲其所修善業力量的感應，並不是僧眾誦經的本身有著超度的功能，是藉著超度者的善業與誦經者的修持而起的感應。

因此拜懺時，主要是在僧眾的引導下，亡者家屬能誠心爲亡者做布施，並邀請亡者來聽聞佛法，爲亡者累積出脫三惡道的資糧。《地藏經》也說亡者家屬若能在亡者臨終之際，將亡者心愛的東西，供養三寶，施捨貧窮，並且使得亡者明白代他做了布施的功德，有助亡者不墮三惡道。那是由於一念的善業感應，以及臨終之際的心境安慰，所以他的業識也將感生善處。

心力的感應

亡者眷屬也可將自身拜懺、誦經的功德迴向亡者，就是從自己迴轉朝向他人，這是屬於心力的感應。由於自己的心力通過諸佛菩薩的願力，而達於所要迴向的對方；這就像天空的太陽光通過反射物（如鏡或金屬體）的折射，便可使戶外的太陽光照射到室內的黑暗處，因此，室內的黑暗處雖未直接曝曬到太陽，卻接受了折射而來的太陽光。

把功德迴向給他人

同時，雖然把功德迴向給他人，但自己的功德仍然絲毫不損，這在佛經中有一個比喻：一盞燈可以點燃許多燈，這盞燈雖然點了許多盞燈，卻不會因爲點燃其他的燈就減弱了自身的燈光。因此，凡是正信的佛教徒每做一樁功德，都會發願迴向給一切的衆生，這也正是慈悲心的自然流露。

Question

11

法會如何以法相會？

在法會中能依靠大眾的威德之力，從中得到佛法的慈悲力量，也讓人生價值觀從利己轉到利人，再經常透過定期法會幫助人提振利他的精神。「以法相會」的目的，卻是在日常生活中的如法修行。

延續法會的精神，則是在生活中隨時行禮懺法門，對自我能觀照內省，對他人能起恭敬與學習心，讓煩惱障礙逐漸減輕，身心逐獲安定。而法會中所起信的願心、願行，也要在生活中如法修行，如此，隨時可與法相會，生活常有法喜！

參與法會共修來學習佛菩薩的慈悲德性，宛如在行菩薩道過程中的綠洲，即使法會已經結束，佛菩薩的慈悲願力，當化作陣陣甘露，消除因生活中種種不順利，而起貪、瞋、癡的煩惱。

Question 12

參加法會如何體驗身在淨土？

很多人想要知道諸佛菩薩所居住的清淨佛土，到底是什麼樣的世界？最好的體驗方法，就是參加道場舉辦的法會，體驗淨土的生活。淨土是佛菩薩所住的國土，是由佛的願力與功德所成的世界。不同於我們生活的人間，是一個無病、無惱、無苦的美好環境。

生活在淨土

大乘經典主張，只要人的心念淨化、行為淨化，便可體驗我們所生活的世界，就是佛國淨土。《華嚴經》說：「一時佛在摩竭提國寂滅道場，始成正覺，其地金剛，具足嚴淨。」意即佛初成佛，他所住的這個世界，對佛而言，便是淨土。《法華經》也說：「若人散亂心，入於塔廟中，一稱南無佛，皆已成佛道。」

即使是煩惱心重的人，只要進入佛教的道場，甚至只稱一句「南無佛」，這一念心便與佛道相同，如同身在佛國。

因此，當我們參加了法會，不論煩惱有多重，只要願意學習，藉由隨眾禮佛、念佛、誦經、懺悔，慢慢清淨身心，轉貪、瞋、癡為戒、定、慧，就能體會到佛國淨土的清淨莊嚴。若能用佛法的智慧看世界，便見無處不是淨土。

建設光明的人間淨土

如同聖嚴法師說：「倘若心地清淨、有智慧、有慈悲，淨土就會在你面前顯現；如果心裡不清淨，有許多煩惱，而且沒有慈悲，也沒有智慧，即使諸佛菩薩環繞四周，你也不知那就是佛國淨土。所以，心中無惡念、邪念，身體不做壞事，那就是淨土的象徵。」雖然我們生活的世界看來很混亂，但仍有很多人體驗

（法鼓文化資料照片）

到淨土的存在，生活在淨土中。聖嚴法師勉勵我們：「體驗淨土並不困難，問題是自己有沒有信心、決心？『信心』，就是要確信自己能斷煩惱，並且富有慈悲與智慧的潛能。『決心』，是念念之中，盡量不與煩惱心相應，把自己的心念和行爲，與慈悲的、智慧的菩薩精神相應，這樣一念清淨就一念生淨土，二念清淨就二念見到淨土，念念清淨就念念生佛國淨土。」

在我們的生活環境中，只要有一人的一念心清淨，就有一人見到了一念的淨土，若有志同道同的十人、百人、千人，願意體驗一念清淨，就有十人、百人、千人見到了一念的淨土。而在法會中，即使我們不能念念清淨，但是透過大衆共修的力量，定能清淨莊嚴我們的身心世界，如同佛陀在人間成佛時，感受到人間淨土的光明希望。

2

參加法會有方法

Question

13

參加法會需先做什麼功課？

決定參加法會時，首先爲自己做好參加的心理準備，再逐一準備相關事宜。如果需要事先報名的法會，則應事先報名，以讓主辦單位提早做準備，如果沒有提前報名，隨時前去也無妨。

清淨身心

建議參與者參加法會前的一、兩餐能茹素，保持清淨身心狀態，不能攜帶葷食、菸酒進入寺院。爲了莊嚴道場，最好穿著海青，或是穿簡單、素淨、端莊的服裝，不需要化妝，或只上淡妝。此外，也要避免奇裝異服的打扮，以免影響其他參與者的起心動念。至於是否需要攜帶供品，則依該寺院的需求而定，通常需要請信眾攜帶供品的法會，道場會事先說明，帶了供品的信眾，可以到知客處請

（鄧博仁　攝）

求代為處理。

虔誠修行的心理準備

其實，參加法會前，最重要的是擁有虔誠修行的心理準備。準備過程中，逐一將平日散亂的心念收攝起來，不慌不亂地沉靜、安定身心狀態，心念夠虔敬，修行才會產生效果，如此，眾靈都會有所感應。法會的意義重在參加，即使準備尚未充分，只要虔誠親身前往，也能夠產生修行與利他的功能。

Question

14 參加法會需準備哪些隨身物品？

法會在啓建前，道場就會把壇場布置完備，經本、供品、飲食一應俱全，與會者需要自備的物品其實並不多，只要準備「需要、相關的物品」，更重要的是人到、心到。法會期間，最重要的是提起精進心，依衆靠衆，把握共修的機會用功修行，互相增上。

通常參加法會必備的物品有：海青、水杯、餐具、個人物品。

海青：海青是佛教最隆重的禮服，參與法會誦經拜懺，如同聽佛說法，穿上海青，一來可以讓整個法會壇場更莊嚴，共修也更攝心。至於沒有海青的人，則可在隨喜區一起用功。

水杯、餐具：法會的唱誦時間長，休息時間可能需要喝水潤喉，自備水杯衛生環保，道場通常也鼓勵自備環保餐具，可以減少義工清洗的負擔。

個人物品：如手機、雨具、錢包，或住宿所需的換洗衣物、寢具與盥洗用品等，只要按照個人需求酌量攜帶，夠用即可。也有許多人會把握法會期間做財布施，打齋供眾或贊助供養六道眾生的贊普，既護持法會，也與無量眾生結善緣。供養、護持的原則是隨分隨力，因此隨身攜帶的錢適量就好，以免遺失。至於供品，道場會統一準備，不須自行攜帶。

Question

15

參加法會需注意什麼？

初學佛者，最好多參加道場的共修活動，可以確保修行方向、方法正確，也可與同參道友彼此砥礪、提攜。但是參加共修的人多，大眾必須遵守共同規範才能使法會順利進行，與其靠監香法師不斷提醒，不如「做自己的監香」，隨時自我觀照，回到所修持的方法上。只要每個人盡一小分心力，法會就多一分莊嚴，自己的內心也多一分安定。

在參加法會的過程裡，要注意什麼？

依眾合眾，與大眾一起動作：法會有一定的時程安排，除了按流程隨眾作息外，在監香法師未宣布動作之前，切勿搶快或特立獨行，避免互相干擾，影響到共修的環境。

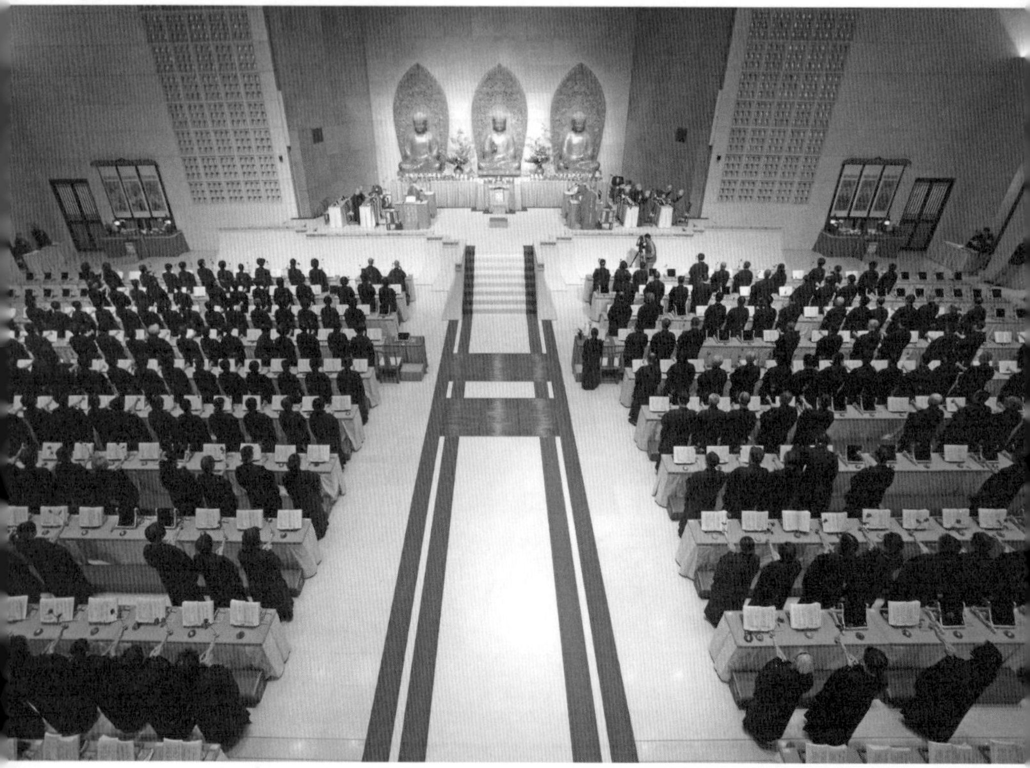

（李東陽　攝）

多念佛少說話，避免散心雜話：法會進行時，大眾都能精進用功，但是一到休息時間，常常一放鬆就聊天，心一散亂，虔誠、安定、專注的法喜就消失了。修行能延續到日常生活才是眞功夫，法會休息時間，宜把握時間念佛、持咒，保持正念，少講話，若體力不濟，也可以閉目養神，以禪修的方式放鬆、調整身心。個人若安定，四周的氣氛也安定。

手機關機或調成靜音：難得撥出時間參加法會，請暫時放下壇場外的牽掛，不想過去、未來，只專注在法會中。務必將手機關機或調成靜音，一來讓自己專注於共修，二來也是護念與會大眾，以免鈴聲大作，破壞壇場莊嚴，干擾正在用功的人。

專心共修，不拍照、不打卡：一支智慧型手機在手，照像、分享都很方便，可以走到哪、拍到哪，但是法會壇場不是觀光場所，因此要放下拍照留念、記錄的衝動，把全副身心投入法會共修。若有記錄的必要，主辦單位會有專責人員拍照，還會透過網路分享，所以還是把心安住在共修的佛事上就好。

不帶葷食、寵物、菸、酒、危險物品：參加法會須嚴淨身心，素食護生，才會與法會的慈悲精神相應，也能保持口氣清新，因此法會期間最好能茹素。而爲了維持壇場的莊嚴與安全，請勿帶寵物、菸、酒、危險物品入內，且道場中不食用肉類與五辛（大蒜、蕗蕎、蔥、韮菜、洋蔥），也請避免攜帶含有這類成分的食物。

Question

16 如何選擇適合自己的法會？

雖然法會的選擇種類很多，但仍應回歸到參加法會者的主客觀條件，包括：能參加的時間、相應的道場，或是法會目的爲主要考量。

長期參加固定道場的法會

尤其在道場的選擇上，一旦找到相應的道場、法會，最好能夠長期參加。因爲如果愈熟悉儀軌和內容，愈能夠理解經文及儀軌所蘊涵的意義；而且熟練後，將免於摸索與不適應的困擾，有助於收攝浮亂的心，容易集中注意力並進入狀況。

至於認爲法會的場面愈盛大愈好，或是執著於某位大德所主的法，並不是參加法會的主要考量，其實，最重要的仍是看整體的環境是否清淨、攝受，法會現場的莊嚴氣氛，對於參與者的心念具有影響力，如果對法會多一分了解，愈能多一分準備，以共同成就法會的莊嚴環境，所以建議初次參與者，可以對法會的注意事項先做了解。再者，即是個人心念是否虔誠專一。

沒有特別的禁忌

法會進行中，只要不影響他人，而且自身可以感到自在莊嚴，並沒有特別的禁忌。即便是不熟悉禮拜的儀軌，忘了拜或拜錯也沒有關係，只要下次注意即可，心裡不要因此產生負擔與壓力。

（吳嘉峯　攝）

Question
17
法會有哪些基本流程？

一堂法會，有哪些佛事內容？誦經、禮拜、繞壇、獻供等，各有什麼意義？其實法會利益的對象遍及六道，每個環節都有祖師大德的用心，進入壇場前，先把儀軌、規矩認識清楚，更能攝心專注。

當代的法會以經懺佛事為主，從兩小時到一天、三天乃至七天的佛事都有，除了持誦經典、禮拜懺悔，每一堂法會佛事還包括許多儀程，是中國的祖師順應在地民情，根據經典內容及修行體會所制定，值得我們用心體會。以一整天的法會為例，從早課開始，經過誦經、拜懺，午齋之前還有佛前大供、功德堂迴向等，下午還有兩支香的經懺用功時間，最後以晚課作結，大型法會的下午還有瑜伽焰口法會、送聖等佛事。現在讓我們展開一整天的法會儀程，了解每一個佛事安排的意義，下次進入壇場共修時，更能攝心修行。

一、誦經

經典是佛說的法，包含諸佛、菩薩的果德與修行方法，經文如同映照心行的鏡子，可檢視我們的善、惡業，做爲警惕。持誦經典是修行的方法之一，可以加深印象、安定身心，還可以開發智慧；同時也代佛說法，使天、鬼與畜生因此得聞佛法，兼具內修與外弘的意義，因此誦經要恭敬專注。

二、拜懺

我們有許多煩惱與障礙，拜懺時透過禮敬諸佛、懺悔、觀想、發願等儀程，深化因果觀念，淡化煩惱，身心安定，佛法更容易入心。不過佛前懺悔，不是求佛赦罪，而是請佛爲證——自己願意負起責任，並發願永不再犯。所以拜懺能幫助止惡、修善，淨化身心。

三、功德堂迴向

華人重視慎終追遠，因此在漢地的法會有寫牌位的隨俗的方便作法。牌位分爲超薦與消災兩種，超度亡者寫超薦牌位，爲生者祈福寫消災牌位，安奉於功德堂，當法會告一段落，即會將共修的功德迴向給所超薦的對象。齋主代表跟隨悅衆法師進入堂中，代替與會大衆以及先亡眷屬禮佛，此時大衆依然要專心念佛，因爲共修力量大，善念一發，再遠都感受得到。

四、佛前大供

供養的目的，在於「上求佛道，下化衆生」。首先感謝佛、菩薩、護法神與歷代聖僧的開示與護佑；此外，也悲濟在三惡道受苦的衆生。大型法會中的佛前大供儀程更為隆重講究，時間至少需要一個小時。佛前大供時，在佛桌供上飯、菜、水果與鮮花，祈請諸佛菩薩加持，並透過咒語將食物化施給惡道眾生。

五、供佛齋天

天人是我們感恩與學習的對象，佛陀成道時，考慮要入滅還是度眾生，若不是梵天勸請佛說法，我們就沒有佛法可聞。所以我們能於法會共修，應對諸天心懷感激，因而舉行供佛齋天。天人在清晨三、四點進食，這時道場會準備香、花與飯菜供養，並誦《金光明經・空品》做為甘露法食。齋天與「拜天公」不一樣，所謂的「天」不只是釋提桓因（民間稱玉皇大帝），還有欲界與色界的二十四諸天。天人福報大，是過去常培福、修德行所累積的果報，所以齋天時，也應發願效仿諸天勤學而樂於奉獻。因此誦持〈楞嚴咒〉與〈大吉祥天女咒〉祈請諸天護佑所求如願。

六、瑜伽焰口法會

瑜伽焰口法會是對餓鬼道衆生的關懷與教育，餓鬼因爲前生貪得無厭又一毛不拔，所以腹大如鼓，咽喉細如針，食物入口即化爲火焰，永無飽足之日。因此舉辦瑜伽焰口法會，透過飲食的供養與佛法的開導，讓餓鬼衆生身心飽滿，發菩提心。法會中有三位或五位金剛上師頭戴毘盧帽，身著紅祖衣坐在瑜伽壇的主壇，時而代佛說法，時而結手印，持咒觀想。面然大士壇供奉觀音菩薩像與牌位，而甘露法食壇，即俗稱的「贊普」，壇中有豐盛的飲食，先由金剛上師觀想持咒，供養佛、菩薩，再施食給餓鬼。法會上半場約於下午三點開始，先請聖、結界、供養，晚上七點到十一點是鬼道進食的時段，所以入夜後的下半場才正式施食。金剛上師以〈召請文〉邀請十方孤魂共赴法筵，接著持破地獄、催罪、開咽喉等眞言施食，並爲餓鬼皈依，最後導歸西方淨土。瑜伽焰口法會時，須學習觀世音菩薩的慈悲心，邀請自己的六親眷屬、無主孤魂參與，此外，還必須身、口、意清淨專注才有效果。

七、宣疏

法會中，有時僅有一位悅眾法師獨白或獨唱，這是在宣疏。疏文有請書、牒文、普攝書等種類，是對於佛、菩薩與惡道眾生「上通下達」的文書，其作用有通知法會啓建、邀請赴會、表達祈願、秉告用功項目等，內容包括法會時間、地點、主辦單位、舉辦目的與齋主代表名單。雖然僅由一人獨宣，有時可能會長達十五分鐘以上，大眾要合掌至心聆聽，隨著文句發心，勿散心雜話。

八、普佛

普佛是懺儀的一種，通常會於新春或佛、菩薩聖誕之日，舉辦不同的普佛，例如釋迦普佛、觀音普佛、地藏普佛等。「普」字之義，是全體參加的意思，原本是出家人的修行佛事，由寺院的方丈和尚主法，以一炷香的時間共修。後來也順應信衆的需求，舉辦延生或超薦的普佛，水陸法會最後一天早上，即安排這兩種普佛。普佛法會的內容包括香讚、佛號、懺悔文、讚佛偈、拜願、三皈依、迴向。打普佛兼具供養三寶、禮敬諸佛、懺悔業障、增福修慧、消災薦亡的作用，非常吉祥。

九、送聖

送聖是圓滿水陸法會的最後一場佛事，目的在於奉送參與法會的上堂諸聖以及下堂衆生離去。法會前段誦持〈大悲咒〉與《心經》，隨後即一堂一堂觀想佛、菩薩、聖賢乘雲歸去，六道衆生蒙佛接引往生西方淨土，此時傳統法會會將所有牌位放在西方船上燒化，現代也有基於環保理念，而透過電腦動畫輔助觀想的作法。

Question

18

如何聽懂法師的法會指示？

很多學佛新手剛來到法會壇場，看到大家都井然有序，往往不太敢推門進入，因爲不知道自己該從哪裡進去，也不知道自己該站在哪裡。特別是有些新手不是全程參加法會，而是隨喜體驗一堂法會，聽到監香法師引導說：東單、西單、排頭……，更是覺得一頭霧水。

其實，法會壇場都會有義工幫忙帶位，所以不用擔心找不到位置，但是如能認識壇場法師重要執掌與走路動線，很快就能熟悉法會環境與適應規矩。

以下提供幾個常見的法會行儀須知，當監香法師引導時，就不用擔心聽不懂規矩：

東單、西單：法會的壇位基本上分兩區，面向佛像以中央走道爲界，右邊稱東單，左邊稱西單。法會中通常分男、女二衆，男衆站東單，女衆站西單。

中央走道：此走道留給悅衆法師通行，若無特別引導，與會大衆通常不走。此外，在中央走道最前方有一個大型黃色拜墊，這是主法法師專用的拜墊，一般信衆請勿使用。

排頭：各排離中央走道最近的位子爲排頭，最遠的位子爲排尾，東、西兩單對稱，個人的進出的原則是排尾進、排尾出，集體出位則由排頭先行。

主法法師：主法爲法會的精神中心，代替大衆拈香、禮佛、隨文起觀、念文、施食、迴向，還要講開示，需要一定的禪定修持，因此通常由戒臘高、戒德莊嚴的法師擔任。主法穿著黃海青，披著紅祖衣，立於殿堂正中間，具有凝聚力。

監香法師：面向大衆而立，負責引導與提醒與會大衆，包含法會前的規矩說明，法會中的禮拜儀軌，與法會後如何善後，更重要的是給予勉勵、關懷，提振精進共修氣氛。

（李東陽　攝）

維那法師：是唱誦的引領者，唱誦時首先起腔，大眾跟隨維那的音高與速度而唱，維那以敲大磬做爲唱誦的開始與結束的訊號。

悅眾法師：負責執掌木魚、引磬、鐘鼓、鐺子、鉿子等法器的悅眾法師，通常位於佛像兩側的空間或壇位的第一排。

向「上」問訊：在法會中，一定會聽到監香法師呼「面向上」或「向上問訊」的口令，「上」所指的方位是哪裡呢？道場以佛像所在的方位爲「上」，所以「面向上」，即面向佛像的意思；「向上問訊」是向佛像問訊，不是向天空的方向問訊。另外，佛像是佛寶的象徵，因此，經過佛像面前要先問訊再行走，或合掌欠身走過。

相對站與相對問訊：聽到監香法師呼「相對站」的口令，是指東、西兩單的人都轉身面向中央走道而站。「相對問訊」則是東、西兩單的人互相問訊，不是轉身向前、後、左、右的人問訊。

功德堂：所有的牌位都安奉於功德堂，紅色的消災牌位置於東單，前方供奉藥師佛；黃色的超薦牌位置於西單，前方供奉阿彌陀佛或地藏王菩薩，寫牌位者在此將共修功德迴向給祝福的對象。不過隨著環保理念的因緣，已有雲端牌位的出現。

Question

19

唱誦梵唄有要領嗎？

梵唄是乘載佛法的唱誦，衆人跟著法器敲打的節奏，以合聲的方式將經、懺文唱出來，常有感動人心的力量。

將自己的聲音融合在大眾中

梵唄首重和諧，被形容爲「海潮音」，像是海浪一樣平穩、持續。一般唱歌是希望別人肯定自己，所以唱得很大聲，刻意展現技巧，但是法會不是個人演唱會或歌唱比賽，而是要練習消除自我中心，所以要將自己的聲音融合在大衆中。

海潮音沒突兀的變化，不會突然中斷，或忽高忽低。因此不要全都在同一個地方換氣，自己該換氣就換氣，整體聽起來就是持續的。唱誦的時候，須保持心情的平靜，不亢奮、不憂傷，不帶任何情緒，轉換音階時，柔軟而平順。

放下外緣，專注唱誦

只要把所有的外緣都放下，專注在唱誦，身心自然而然趨於安定。一字一字將發自內心的誠敬唱誦出來，耳朵專注聆聽，注意力漸漸集中，便能歸於一心。察覺分心、昏沉了，就要趕快提起精神，回到法會的當下。

好的梵唱具有正直、和雅、清澈、深滿、周遍遠聞五種特質，能讓聽者不起邪念，清淨安定，心生歡喜，這需要以禪定、持戒與智慧為基底，因此平常就要做功課。參加法會的時候，不妨以此為目標自我勉勵。

Question

20

跟不上法會的唱誦速度怎麼辦？

剛開始參加法會的人，常會跟不上唱誦速度，可能是因爲不熟悉梵唄曲調，可能是看不懂經文，有許多字不會念，其實只要用心注意，這些問題一定都可以克服。

配合維那法師與大眾共修

一堂法會上，維那法師是領眾唱誦者，與會大眾是共修者，彼此要和諧搭配，才能圓滿一場佛事。所以，維那法師領眾唱誦，一開始舉腔，音階就不會過高或過低，速度不會趕快或拖慢，選定的曲調簡單易學，並會留意每一個字是否唱得清清楚楚。如果是大眾容易念錯的字，維那法師也會特別提高音量來提醒大眾，讓共修者都跟得上而有參與感。

注意聆聽

法會是由許多不同的唱誦曲調引導儀軌進行，在還不熟悉曲調時，可以小聲跟著大衆唱誦，注意聆聽每一段的起腔，慢慢就能跟上。遇到不會念的字，可以記下來再查字典，或是靜心聽法師怎麼念，當下就可以學會了。

佛教的法會雖多，儀軌則都已固定下來，只要同一場法會多參加幾次，不間斷地熏修，修行就能得力。熟悉唱誦之後，就有餘力體會法會的內容，做到口誦、耳聽、心思惟、身禮拜，讓身、口、意融入法會的共修當中。最重要的是，在熟悉、了解法會儀軌內容後，再能身體力行，運用佛法改變生命，才是法會共修的眞諦。

Question

21

參加法會要穿什麼服裝？

參加法會所穿的服裝，稱爲海青。海青服飾源流來自唐裝，款式腰寬袖闊、圓領方襟，原本是中國漢民族平日所穿的大袍；當揮舞起又寬又長的袖子時，遠看如同海東青鳥，所以稱這樣的服式爲「海青」。

穿著海青的注意事項

穿著海青要注意什麼呢？首先，海青是外衣，直接穿在日常便服外面，不必更衣再穿上。便服的衣領，以不露出海青爲原則，外套也穿在海青裡，所以要避免穿有帽子或高領的外套。有的海青質料較薄，因此內搭的衣服以深色爲宜，以免透出顏色或花紋顯得不莊嚴。同理，若需要保暖，最好戴上深色的帽子、圍巾。若爲長髮，需要綁起來，更加整齊有精神。

（李東陽　攝）

穿著海青時，行爲舉止必須莊重，行進間操手，站立時操手或合掌，勿奔跑、挽起袖子或打鬧嬉戲。如廁前脫下海青放於乾淨處，如廁後洗手再穿上。

海青的下襬及踝，在法會中，經常需要禮拜、長跪，最怕起立時不小心踩到海青絆倒。其中，關鍵訣竅在於，跪拜時，腳趾踩地不要翻腳掌、移動，這樣起身時就不會踩到衣襬。

上、下樓梯時，衣襬拖地也很容易踩到，造成他人與自己的危險。上樓時，請先用手指鉤著海青的腋下往上提，跨出腳步時就不會踩到前襬；下樓時，請將海青後襬往前抓，可避免後面的人絆倒。長跪時也可先提起海青腋下，雙膝著地時再放手，這樣海青前襬就不會因爲跪下而被拉緊，造成跪時重心不穩。

穿上海青，動作不如平時隨意，但是動靜之間，都在訓練我們變得更莊嚴、細心、體貼，是穿便服難有的體驗。

整齊儀容有助專注修行

穿著海青參與法會共修，除了具有整齊儀容的意義，也使得法會佛事看來更加莊嚴整齊。由於海青是樸實不浮誇的服飾，當大眾在殿堂共修時，處身在莊嚴的氛圍內，心也會變得安定平穩，不容易有過多的妄想，更能專注修行。當我們準備進入殿堂時，穿上海青，也可以提醒自己收攝身、口、意，與共修大眾圓滿一場殊勝的法會。

Question

22

在家誦經和參加法會不同嗎？

有人說：「寺院所使用的法會課誦本，也可以自行請購，那麼直接在家裡自修不就可以了嗎？」雖然在家獨自修行不是不可以，但是效果與感受力，恐怕無法如參加寺院共修來得好。

共修容易成就修行

這是因為如法的修行儀軌，需要具備許多優良環境條件，才能順利進行，也比較容易取得有所成就。寺院道場正是遵照這樣的規定而建設的。這些條件包括：做好灑淨的結界以區隔外界非人的干擾，塑造種種佛像，陳設種種供具，方便迎請諸佛菩薩降臨，以及設立一定的修行空間等。當然最重要的就是需要由深入三藏經典、戒行具足的法師主法，以護持修行者。

（江思賢　攝）

道場具有完整的修行儀軌

爲便利修行，如法的修行處所是必要的。在家修行因爲雜務纏身，很難達到預期的效果。寺院道場本來就是以修行爲目的而設立，環境條件自然比自家來得好，再者，具有完整的修行儀軌，更何況參加寺院的法會，還可以聽聞法師講經開示，對於自身修行更有助益。因此，在寺院共修往往比在家自修更容易成就。

學佛要有所成，是必須要福智雙運。不論是坐禪修觀，或是儀軌念誦，因此，學佛人在自己專修法門上用功以外，爲了調伏心性與增加福德因緣，還需要配合參加法會活動。

Question

23

如何做功德迴向？

通常在法會的迴向儀軌中，法師會帶領眾人齊念「願我誦持這部經典的功德，迴向給往生的某某人」，或是唱誦〈迴向偈〉，藉此將誦經功德迴轉朝向他人，這是屬於心力的感應。

將功德迴向給需要的人

迴向，是將自己的心力，透過諸佛菩薩的願力，而到達所要迴向的對象。猶如天空中的太陽光經由一處的折射後，可以讓光線普照到另一個黑暗的地方，雖然這裡沒有太陽光的直接照射，也能接收到陽光。只要持有堅強的信念，都能將功德迴向給需要的人，對象便能接收到這份迴向而來的功德。

迴向展現慈悲心

將功德迴向給他人，自己的功德不會因此而減少。就像是一盞燈，能夠點亮許多燈，卻不會因爲點燃其他的燈，而減弱了自身的光芒。

雖然有些人參加法會的目的，是希望將功德迴向給生病或往生的親友，或是爲全家人祈福，但是佛教鼓勵大家將迴向範圍擴大，擴及親人以外的一切衆生，只要每做一件功德，便做迴向，這正是慈悲心的一種自然流露。

3

非參加不可的法會

Question

24

爲何要參加觀音法會？

對於剛開始參加法會共修的學佛新手而言，觀音法會是一個很好的共修法門。除了因爲觀音信仰普及一般大衆，讓人比較容易相應之外，〈普門品〉的經文較短，淺白的文字卻能傳達佛經的涵義，讓人容易明白。在許多儀式簡單的祈福法會中，也有只有持誦〈南無觀世音菩薩〉聖號，透過唱誦，觀世音菩薩的聖號自然深印在人們的心中，佛菩薩的精神也就在人們的心中了。

緣起

在每年農曆的二月十九日觀世音菩薩聖誕、六月十九日觀世音菩薩成道紀念日、九月十九日觀世音菩薩出家紀念日，各大道場都會定期舉行觀音法會；而平時也多在每月農曆十九日舉行，以感懷觀世音菩薩慈悲的德行，度化衆人的悲願。

（王傳宏　攝）

儀軌內容

觀音法會主要是持誦〈普門品〉，其內容包括〈楊枝淨水讚〉、〈淨身口意三業眞言〉、〈開經偈〉、〈普門品〉經文、〈觀音靈感眞言〉、〈大悲咒〉、〈觀音菩薩讚〉、觀音拜願、三皈依、迴向、佛前大供。

在〈楊枝淨水讚〉爲開始的梵唄聲中，有如觀世音菩薩以瓶中的甘露水，清涼了種種因貪、瞋、癡而起的熱惱。在持誦〈普門品〉時，使人了解在任何危難之中，無論是風災、水災、火難等天然災害或意外、人爲的加害甚至是戰爭、幽冥的怨報、冤獄訴訟、求法或求財的路上所遭到的困難險阻，只要至誠一心地稱念觀世音菩薩的名號，都能獲得消災解難。〈普門品〉當中也說明了觀世音菩薩如何度化衆生，其善巧方便的法門即是以三十三種身分、身相來隨機教化。從聖人凡夫、天魔非人、或高官或孩童，隨著不同的根器，觀音菩薩即以最適合的方法，現身教化，救度衆人走向成佛之道。

Question

25

為何要參加藥師法會？

一般佛教徒都知道，當有親友生病時，可以勸他參加藥師法會，誦讀《藥師經》。因為藥師如來又稱為大醫王佛、醫王善逝，是東方淨琉璃世界之教主。東方淨土，與西方淨土迥異，它是一個重視現生安樂，注重繁榮現實社會的「利生」、「延生」法門。

緣起

藥師信仰不僅在中國甚為普遍，在日本亦很普遍，其經典和儀軌行法，被收錄在《大正藏》中，達二十五種之多。有關藥師信仰的法會不少，目前各地最普遍的即是藥師懺，以及以誦讀《藥師經》、讚誦藥師佛十二大願，起信東方淨土，觸發救度眾生現生疾苦災難的藥師法會。

藥師法會通常舉辦於農曆九月二十九日藥師佛誕日。此外，亦有於每個月固定舉辦，側重藥師如來在過去生中，發菩提心，發廣大願，行大悲行，成就無上佛果的精神。「藥師法會」能逐漸通行，與近代人間佛教的興起有相當的關係。尤其是人生佛教的開創者太虛大師，為了修正當時社會對佛教徒只著重於死後往生西方淨土的刻板印象，所以特別提倡重視現世的藥師法門。

儀軌內容

要能確切掌握藥師法會的精神，就不能不對藥師佛的願力信行有一番認識。在《藥師經》中，藥師佛的十二大願，和相關經典中所提到的願力，就總括了解除宇宙間的橫禍災難，和救濟眾生千類萬狀的身心迫惱困厄。也可以說藥師佛的願力，是回應著人類對整體社會幸福的嚮往。

藥師法會的儀軌：禮敬、發願、供養、誦經、讚偈、持咒、迴向、發願，引導了參與者的心逐漸收攝，並學習著用整個心靈去體會藥師如來純淨無瑕的琉璃世界。人間淨土的工作，仰賴每一個人，諸多法會的參加者，即藉著一次又一次的法會洗禮，增上信行，並將誓願與感動帶進生活、生命、工作中，建設著人間淨土。

《藥師經》中所提及的藥師佛有兩大脅士菩薩侍立於側，一為日光遍照菩薩，二為月光遍照菩薩。日月光意喻兩位菩薩的德行——「智慧如日光的遍照成事，慈悲如月光的清涼蔭物」，同時也象徵人人自心所含攝智慧與慈悲的光明本性。而當人人慈悲的光亮、智慧的光亮，熾然照曜之際，也是藥師琉璃光如來淨無瑕穢、光明圓滿的東方淨土之實現。

Question 26

爲何要參加盂蘭盆法會？

盂蘭盆法會又稱「盂蘭盆節」、「盂蘭盆齋」、「盂蘭盆供」，是漢傳佛教根據《佛說盂蘭盆經》，在每年農曆七月十五日，爲報父母劬勞之恩而舉行的一種超度累劫祖先的佛事。「盂蘭盆」是梵語Ullambana的音譯，有孝順、供養、報恩、救倒懸、解痛苦之義。若有累世父母於鬼道中受苦，備諸飲食供養三寶，以此功德，救度其倒懸飢餓之苦。

緣起

《佛說盂蘭盆經》中記載，佛陀的大弟子目犍連尊者證得神通之後，想要救度父母報親恩，於是他以天眼通看到母親墮於餓鬼道，皮骨相連，不得飲食。目犍連尊者以缽盛飯，用神通力送食物給母親吃。不料母親因惡業果報，飯食未入口皆化爲火炭。目犍連尊者爲拯救亡母脫離此苦，於是向佛陀請求開示解救的方法。

佛陀說目犍連的母親業報太深，憑他一人之力無法救度，必須在七月十五日衆僧結夏安居圓滿的日子，用百味飲食供養十方僧衆，依仗十方衆僧修行的力量，以及供養僧寶的功德，才能救拔現世父母、七世父母、六親眷屬，出三途之苦。目犍連尊者照著佛的指示去做，果然使其母得脫餓鬼道之苦。

目犍連又問佛陀，如果未來世中，有佛弟子欲行孝順，是否也可以奉行盂蘭盆供，救度現在的父母乃至七世的父母，佛陀答說：「行孝慈者，皆應爲所生現在父母、過去七世父母，於七月十五日，佛歡喜日、僧自恣日，以百味飲食安盂蘭盆中，施十方自恣僧，乞願便使現在父母壽命百年、無病，無一切苦惱之患，乃至七世父母離餓鬼苦，得生天人中，福樂無極。」

根據《佛祖統紀》的記載，梁武帝首次根據《佛說盂蘭盆經》的儀式，創設盂蘭盆會，由於梁武帝大力提倡，民間各階層人士無不效法遵行。到唐代時，民間不但重視盂蘭盆會，而且場面盛大。到了宋代，盂蘭盆供的富麗莊嚴與供佛及僧的意義漸減，而代之以薦亡的法事。故盂蘭盆會成爲寺院中每年重要的法會之一。

儀軌內容

盂蘭盆會主要儀式可分三方：淨壇繞經、上蘭盆供、衆僧受食。淨壇繞經，即是繞誦《佛說盂蘭盆經》。盂蘭盆法會是以供僧爲主，供養僧寶即是供養佛，通常在儀式開始之前，主辦的道場會準備好供養，不用再攜帶供養品了。但是，仍應準備供養，可以隨喜打齋，或是按主辦道場的規則，布施功德金。

法會進行中，不可飲食，甚至不要飲水，這是爲了慈悲餓鬼道的衆生，由於他們飽嚐飢餓匱乏的痛苦，鎮日飲食而不可得，不是食物成火化炭，就是喉細無法嚥食。如果在施食時有人飲食，除引發亡靈的瞋恨心，也違背焰口法會所要傳達的慈悲心。

盂蘭盆會的主要目的，是報答父母的恩情，法會結合了佛教布施功德與中國孝道精神，慈悲之心推及累世父母，乃至衆生。

Question

27

爲何要參加大悲懺法會？

《大悲懺》是深受華人社會歡迎的一部懺法，幾乎每個海內外的寺院道場都會定期舉辦「大悲懺法會」。

緣起

這部懺法最初是由宋代的四明知禮法師根據唐朝伽梵達摩法師翻譯的《千手千眼觀世音菩薩廣大圓滿無礙大悲心陀羅尼經》（簡稱《千手經》）編寫而成。《千手經》中的〈大悲咒〉，從唐朝以來普遍爲社會大眾所稱念禮拜；而知禮法師在懺儀序文也說，雖然從小就會背〈大悲咒〉，但一直不了解其修持方式，出家後修習天台教觀，綜覽經典時，發現《千手經》既可以修觀，還能滿足舉辦儀式的需求，因而創制《千手眼大悲心咒行法》，即現行《大悲懺》的底本。

儀軌內容

知禮法師保留經中的〈大悲咒〉和觀音十大願文，加入發露懺悔、禪觀等儀軌，依《法華三昧懺》的架構發展爲「嚴道場、淨三業、結界、修供養、請三寶諸天、讚歎申誠、作禮、發願持咒、懺悔、修觀行」等十科，整個行儀如要完備進行需要二十一天。

我們現在所沿用的《大悲懺儀》，則是根據清代的懺本而來。元朝以降，佛教教理研究式微，明末律宗大師見月讀體律師爲了適應時代需求及衆生的不同根器，將知禮法師的版本簡化，重新命名爲《大悲懺儀》，即今日通稱的懺名。其後，清代僧人寂暹法師再次修纂，制定嚴室淨業、如法供養、至心禮敬、發願持明、披誠懺悔、旋繞歸向等六大儀軌，便成了現今廣爲流通的懺儀。

相較於知禮法師的原作，現行的懺本較爲簡化且偏重事儀價值，但仍以觀音十大願文和持誦〈大悲咒〉為核心，並依此開展出懺悔發願的內容。根據《大悲懺儀》，如法供養、至心頂禮十方一切諸佛菩薩之後，並未直接入懺，反而先「發願持明」，而這也正是《大悲懺》的精華所在。

因此，禮拜一部《大悲懺》，不是單純地誦念〈大悲咒〉，也不僅止於披誠懺悔，而是通過自我的覺證，生起與觀音慈悲相契相應的菩提心；雖然我們沒有千手千眼，但透過禮懺，觀想自身與觀音菩薩合而為一，學習觀音菩薩慈悲柔忍的心行，並將懺願落實於日常生活中，則能利益眾生，隨時隨地幫助身邊需要幫助的人。

（江思賢　攝）

Question

28

爲何要參加地藏懺法會？

素有「孝經」之稱的《地藏菩薩本願經》，在漢文化中是一部廣爲流傳且影響深遠的經典，內容主要敘述地藏菩薩宿世度脫母親的因緣，地獄名號、罪報等事，以及如何爲臨終或亡故的親人設福修善；其中，地藏菩薩「衆生度盡，方證菩提；地獄未空，誓不成佛」的慈悲願力，更爲一般民衆所熟知而信仰、讚歎。

不過，也正因爲大衆習於將地藏菩薩與死後世界聯想在一起，且對地藏菩薩的認識，多半局限在幽冥教主、超度亡魂的概念，因此以地藏菩薩爲懺主而作的「地藏懺儀」經常被窄化爲超度先亡、追求現世利益的經懺佛事，至於懺儀的緣起和禮懺涵義，反而未能進而了解。

緣起

當代所禮拜的地藏懺儀，多數是以明朝蕅益智旭創制的《讚禮地藏菩薩懺願儀》（又稱《禮地藏儀》）爲底本刪修而來。《禮地藏儀》是蕅益大師整合「地藏三經」（即《占察善惡業報經》、《大乘大集地藏十輪經》和《地藏菩薩本願經》）的思想所創；然而，蕅益大師一生深探天台、禪宗與唯識，且歸向淨土，爲什麼會編制地藏懺儀，從地藏法門入懺？

原來，他二十歲爲亡父誦《地藏經》，因此生起出家願心，但是年少時崇尚儒學，曾經詆毀佛教，往昔謗佛的罪業，讓出家後的他感到很大的負擔，所以在三十三歲接觸《占察經》時，便深受地藏菩薩拔除衆生業障的願力所感，並撰述《占察善惡業報經行法》做爲懺罪自修之用；但由於科儀繁複、耗時，爲了在日常生活中也能修持，大師便再依地藏三經創制了《禮地藏儀》，也是現今通行的版本。

儀軌內容

有別於天台懺法十科、五悔的繁複，《禮地藏儀》主要由供養、讚歎、禮拜、懺悔發願等幾個面向所構成。懺悔發願文的內容，主要是從《占察經》和《地藏十輪經》而來；一方面發露懺悔過去種種惡業，另一方面則發願不再造作惡因，同時更要藉著親近三寶的機緣，修行十善法。其中有關懺悔譏刺誹謗大乘正法，發願護持正法、成就十善道業等內容皆緊扣著蕅益大師的生命經驗而來。

而無論是後序或者懺儀發願文的內容都可看出，他編纂《禮地藏儀》的主要目的，是「共滌先愆，克求後果」、「速能證得無上法輪，善巧方便成熟眾生」，因此，禮拜地藏懺，不僅是藉著行懺除滅罪障，更重要的是能修證佛道，利益一切眾生。

這部以地藏三經爲根本的懺儀，沒有任何超度先亡、消災解厄的儀文，反而重視「如何超度活人」；即禮拜地藏懺不應是爲了薦亡、追求現世私利，而是幫助我們在拜懺過程，清淨身心，契入佛法，並發起與地藏菩薩相應的廣大願力，接引衆生入佛知見，一起精進修行。

了解地藏懺儀的緣起與懺悔文的要義之後，再踏入壇場，一禮一懺之間，至心懺除前愆，我們更能領會地藏菩薩難行能行、自度度他的大願大行了。

Question

29

爲何要參加淨土懺法會？

佛教修行的八萬四千法門當中，當屬阿彌陀佛的淨土修行法門最受人歡迎而崇信了，尤其念佛法門更是一個不論時地、不揀根機的修行方法，只要一心念佛便能消災免難、除億劫生死之罪，得生西方淨土。既然至心稱名念佛即可除罪往生西方，爲什麼還要禮拜淨土懺？淨土懺的各項儀節又蘊涵了哪些意義？

緣起

淨土懺儀源起於北宋天台宗大師遵式知白法師所創制的《往生淨土決疑行願二門》。有「百本懺主」之稱的遵式大師，一生制懺、修懺無數；大師曾經精勤苦學以至嘔血，病重時獲得觀音感應而痊癒；因體會淨土法門的殊勝而大力提倡念佛，更將淨土思想導入天台教觀相攝的懺儀中，廣推淨業修持。遵式大師最初先揉合《無量壽經》、《稱讚淨土佛攝受經》等大乘經典要義，編著《往生淨土懺願儀》（又稱《大淨土懺》），鼓勵僧俗四衆懺罪以消除往生淨土的障礙。但是這部懺法涵蓋十科五悔，行儀至少需要七天至四十九天，對在家居士而言並不容易。

當時，杭州侍郎馬亮潛心淨業，經常向遵式大師請教有關淨土法門的修持方法；爲了方便在家居士也能行持淨土懺儀，便另外撰寫了《往生淨土決疑行願二門》，提出決疑、行願二門，其中，行願門又開禮懺、十念、繫緣和衆福等四門，做爲求生淨土的修行次第。而行願門中的「禮懺門」一般通稱爲《小淨土懺》，亦即當代淨土懺儀軌的根本。今日我們所禮拜的《淨土寶懺儀規》便是根據《小淨土懺》修纂而來，儀軌包括了頂禮三寶、供養、禮敬諸佛聖衆、誦《佛說阿彌陀經》、持〈往生咒〉、至心懺悔、旋繞、誦念淨土文等，事行簡要，無坐禪理觀的部分，行者可以每日行懺用功。

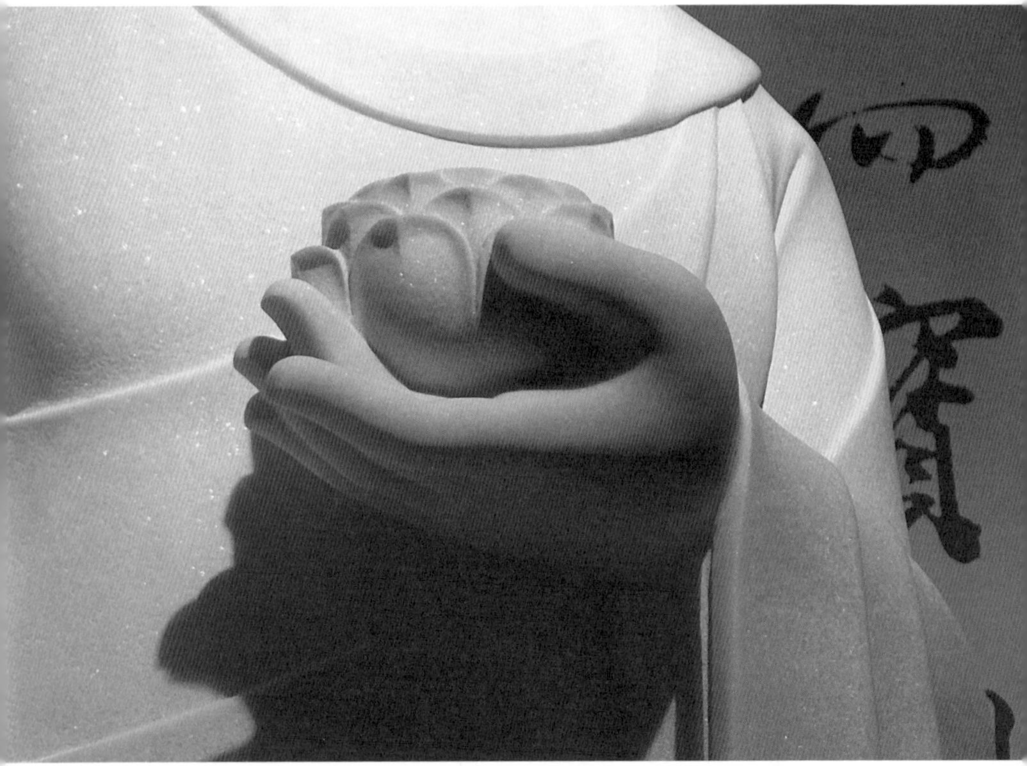

（李東陽　攝）

儀軌內容

在《往生淨土決疑行願二門》中，遵式大師將「禮懺門」列爲修持往生淨土正因之首，他認爲懺悔就像播種前要先除淨田裡的雜草亂石，日後撒下念佛修行的種子時，才不致被惡因惡業湮沒。因此，提出「禮佛懺悔」是修持淨業的第一道工夫，藉著懺罪的清淨功德，排除往生淨土的障礙。

而在現行的儀軌中，懺悔除障的思想，除了於懺願文中發露三業六根習不善法、造作十惡及一切重罪外，更透過持誦〈往生咒〉來滅罪除愆。〈往生咒〉是阿彌陀佛的根本咒語，全名爲〈拔一切業障根本得生淨土陀羅尼〉，持誦此咒不僅能消滅一切罪業障礙，還能得生淨土。然而，由於「往生」二字經常讓人誤解〈往生咒〉僅與薦亡、超度有關，卻忽略了持咒的積極意義，其實重點是在提醒自己將這份「自我反省、不再造作惡因」的深心願力落實在日常生活中；如此一來，便時時刻刻都在清淨身心，增長善根了。

此外，當代淨土懺儀中還有一段儀節，是「代爲法界衆生頂禮、懺悔、發願」，這段引自《諸經日誦集要》的淨土文，是以「利他」爲出發點，先代衆生懺悔，再自行懺悔，並將所修功德迴向一切衆生。而這份菩提心也正是修持淨土懺法的要領；因此，禮拜淨土懺，不僅是懺罪求生淨土，還要發心拔一切衆生之苦，共同往生極樂國土。

無論是懺悔發願文或是持誦〈往生咒〉，禮拜淨土懺的終極目標是懺罪清淨之後，求生西方淨土。乍看之下是向外追求淨土，但其實透過禮懺、持咒、發願等事行，以爲增長往生淨土的福德資糧；若能隨時知慚愧行懺悔，並懷抱著利益衆生的菩提心，所體現的已不局限於佛國淨土，而是以自己的一念清淨，在生活中利益衆生、建設淨土了。

Question 30

爲何要參加慈悲三昧水懺法會？

慈悲三昧水懺法會的起源，是唐代悟達國師，遇迦諾迦尊者，教他以三昧法水洗濯人面瘡而消除累世怨業，國師因感其殊勝而撰寫懺法以弘揚留傳，使後世衆生得受法益。

緣起

在悟達國師尚未被封爲國師前，曾照顧一位重病的僧人，僧人病癒後爲感激他而告訴他，如果日後若遇到障礙，可到四川彭州九隴山找他解難。後來悟達受到唐懿宗崇敬而封爲國師，但膝蓋上卻生出一個人面瘡，遍請各地名醫卻無藥可治。於是他便前往九隴山尋找故友求救，僧人告知他只要用後山清泉清洗人面瘡即可。

結果人面瘡竟說他與國師，分別是西漢時代的晁錯和袁盎，兩人有累世怨業。當時晁錯爲御史大夫，向漢景帝提議削除諸侯封地以免諸侯壯大，結果引起七國諸侯起兵造反。袁盎趁機向景帝進言，斬殺晁錯以謝七國。晁錯不甘含冤而死，可是袁盎十世都爲持戒精嚴的高僧，晁錯苦無機會報復。直至因皇帝恩寵，使悟達國師起了貢高名利之心，才有機會報復，但因三昧法水讓他得到解脫，化解十世以來所結的怨業，所以不再與悟達國師爲難作對。悟達國師因此懷著懺悔的感恩心，著述《慈悲三昧水懺》，早晚恭敬禮誦，也開啓後人懺悔之門，令衆生至誠懺罪，以消釋宿世怨業。

儀軌內容

慈悲三昧水懺法會著重以心看心的法門，一開始就強調禮懺者懺悔心的生起。懺悔心的發露，則表現在前方便的「興七種心」等行法，把七心做爲增上勝心，以此來懺悔煩惱、業、果報等障礙。這七心分別爲：一、生大慚愧心，強調

（鄧博仁　攝）

「我與釋迦如來，同爲凡夫」。衆生向佛看齊，努力向善去惡，是水懺裡最重要的基礎認知。二、生恐怖心，強調「凡夫身、口、意所作業常與罪相應」，若不懺悔將受無量苦，以此恐怖心自我惕勵。三、生厭離心，以「我等流轉生死之中虛假不實」，指出世間與人生的不確定性，皆爲衆苦所集，無須也無法執取。四、發菩提心，指出當「發菩提心以救度衆生」，通往成佛的道路。五、怨親平等心，強調怨、親於我皆平等，應起慈悲、平等救度之念。六、念報佛恩心，強調「建立三寶弘通大乘，廣化衆生同入正覺」的佛之大恩，正因爲有正法，才能使衆生解脫。七、觀罪性空，以「罪性空心」強調罪業亦是因緣和合而生，如果能體認因緣和合生滅的空性，不執取、不起煩惱，並在受報當下知因緣生滅坦然以受，不再造新業，便是空觀罪性。

除了以七心做爲滅罪前方便，水懺還以「四種觀行」爲滅罪方便。一、觀因緣，觀造罪之因緣。二、觀果報，觀造罪之果。三、觀自身，謂觀自身雖有佛性，但爲無明煩惱所覆蔽，當發起勝心，以滅無明煩惱，開顯佛性。四、觀如來身，謂觀如來之身衆德具足，從而學習並發起慈悲救度衆生之心。

慈悲三昧水懺法會以「改往修來，滅惡興善」爲懺悔的主要任務之一，人人都帶著宿世累積的罪業，無論地位高低貴賤皆不能免，並進一步提出興七種心、起四種觀行做爲改變人心的重要修持方法。因此大衆在禮拜懺悔時，當至誠懺悔，以佛陀正法爲法水，持續精進地「洗心懺悔」，洗滌無始以來所造煩惱障、業障、果報障等三障之苦，藉以鍛鍊、調伏自我，並成就其他衆生。

Question

31 爲何要參加梁皇寶懺法會？

《梁皇寶懺》原名爲《慈悲道場懺法》，可說是中國佛教史上部帙最大的懺法，一般佛教徒於消災、濟度亡靈時，常延請僧衆虔修此懺，爲漢傳佛教中實行最久的懺法。

梁皇寶懺法會目的主要爲普度六道衆生，期使人們藉由禮佛、誦經、懺悔的儀式中，讓六道衆生如懺文所說，反觀自省自己所造之業，生起慚愧心，並發露懺悔，以解脫苦趣；同時禮拜者自己也能夠經由禮懺過程，懺悔自己與累世親人所造惡業，反觀自省平日不容易察覺的行爲、言語或意念是否有失當的地方，並且發露懺悔及發願改過。

緣起

相傳梁武帝的皇后郗氏嫉妒心重，出口如毒蛇，三十歲時突然身亡，由於生前瞋心重，所以死後墮爲蟒蛇。郗氏有天現形於梁武帝的宮中，她向武帝訴說身形變爲蟒蛇的原委和所受苦痛，懇求武帝幫助她脫離苦趣。梁武帝便請寶誌禪師等人，依據經典要義，製定懺文十卷，並爲郗氏舉行懺禮。法會結束後，郗氏有天突然在武帝面前出現，並向武帝道謝，原來她由於虔敬懺悔，滌除罪障，最終得以脫離蟒蛇之身，往生忉利天。

儀軌內容

只要至誠懇切懺悔，禮拜梁皇寶懺的感應例子相當多，因此，梁皇寶懺自梁代迄今一千四百餘年，成爲一部相當盛行的懺法。文字優美的《梁皇寶懺》，擁有懺中之王的美稱。全書共十卷，是一部綜合性的佛經，內容是針對六道衆生的懺悔與救拔，予以闡釋，除了說明各種罪過可能發生的果報，更揭示衆生罪業產生的原因，期使衆生不再造作種種的業因。

各篇內容從自身的皈依三寶、斷除疑問、懺悔，並爲餓鬼道與畜生道的衆生、乃至爲累劫的父母、師長、兄弟等人的宿業進行懺悔。懺文細微描繪人們日常生活中不易察覺的過錯，禮拜者即能隨著懺文一一地反思，進而發露懺悔，提醒自己在日後生活中，能時時觀照，不造苦因。另外，懺文也採錄了諸佛菩薩的聖號，包括彌勒佛、釋迦牟尼佛、觀世音菩薩等，藉由稱誦諸佛聖號，觀想佛菩薩做證明，弟子虔心懺悔，發願改過。

梁皇寶懺法會舉辦的時間一般爲五至七天，在法會前，必須先灑淨結界，在每一卷開始時，須先唱讚，以讚歎三寶、禮拜諸佛，進而依序主法者舉文，進行懺悔、發願。誦懺文時，以站立爲主，遇到佛菩薩聖號時，則一聖號一禮拜，因

（許朝益　攝）

此，全程參加下來，需要相當的體力，然而，只要運用禪修的方法，放鬆身心，專注禮拜，則七天下來，也能獲得身心的平穩和安定。另外，有些寺院則安排在法會最後一天，進行齋天、瑜伽焰口或是三時繫念法會。所謂齋天，就是禮拜欲界及色界的二十四諸天，還有佛教的護法神四大天王，是在欲界的四天王天，以及生於兜率天的彌勒菩薩等，除了感恩諸天菩薩的護持，同時也祈願諸天菩薩，使得佛法興隆，保佑世間祥和平安。

梁皇寶懺是所有懺法中最殊勝的，感應也是最大的。拜懺時，只要人們虔誠恭敬，就會有許多靈界眾生及護法龍天，來到法會現場共修。故參加梁皇寶懺應虔誠恭敬，生起懺悔心，就是處於清淨之中，身心就會平安。也就能夠把這一分功德，迴向給自己的六親眷屬，讓他們共得利益。

Question

32

爲何要參加水陸法會？

水陸法會又稱爲「法界聖凡水陸普度大齋勝會」，是漢傳佛教最隆重盛大的法會。

水陸法會以上供十方諸佛、聖賢，無遮普施齋食爲基礎，救拔諸六道眾生，並廣設十一壇，使與會眾生，得以其因緣與根器，至各壇聽經聞法，而發起解脫離苦和成佛之心。因此，法會中所供養、救度的眾生，範圍相當廣泛，而能集合「消災、普度、上供、下施」諸多不可思議殊勝功德。

由於水陸法會是經由與會大眾發一善心隨喜參與而共同成就，所以整場法會的功德，由所有參與的眾生共同獲得。若能一念虔誠，就有無量不可思議功德存在；若得不爲一己而爲一切衆生祝福，其所發願愈是廣大，功德愈是不可限量。

緣起

水陸法會的儀軌從「瑜伽焰口」而來；相傳梁武帝夢見神僧教他設齋施食，救拔一切水陸有情，於是梁武帝披覽經論，根據阿難遇鬼王面然，平等施食一切有情，而製作水陸儀文。水陸法會有三大特點：一是時間長，多則四十九天，少則七天，最少也得三天。二是規模大，參加的僧人可多達千人，一般需要兩、三百人，起碼不得少於七、八十人。三是法事全，凡佛教各種常見法事無不包括在內，還要懸掛多則兩百餘幅，少則一百二十幅水陸畫。

總計一次水陸法會約需百位以上法師，動員人力、物力頗巨。若法會由一般信徒共同發起、集資修設，稱爲「衆姓水陸」；如果財力雄厚，發大心獨資營辦，稱爲「獨姓水陸」。參加水陸法會的意義在於學習平等心度衆，表達對一切衆生的關懷。除給予衣食外，更要以佛法讓衆生共成佛道，不再輪迴生死煩惱。

儀軌內容

水陸法會依照法會性質，分成「內壇」（總壇）與「外壇」，傳統以內壇為主，外壇視為內壇的前方便，但「法鼓山大悲心水陸法會」打破了傳統法會裡內壇、外壇的藩籬，每一壇的監香法師都為信衆開示該壇的經典，每一部經都是成佛之道。「內壇」（總壇）為法會樞紐，儀軌從起壇結界、輸誠懸旛、奉請上堂、奉供上堂、乞攝法儀、奉請下堂、授幽冥戒、奉供下堂、上圓滿供、燒圓滿香、送聖。總壇上供四聖、下則平等普度六凡，儀文中教理、禪觀、眞言互用，具足普度與精進修行的功用。

外壇則有大壇專門禮拜《梁皇寶懺》；法華壇專誦《妙法蓮華經》；淨土壇誦《阿彌陀經》與稱念阿彌陀佛名號；華嚴壇靜閱《華嚴經》；楞嚴壇誦持《楞

（許朝益　攝）

嚴經》等。

信眾在參與法會的過程中，除了誦經，並經由法師開示，深入認識每一壇的內涵。每一部經都是佛法，都是成佛之道。每個人可根據自己的相應經典、法門，選擇不同壇位，精進用功。因此，法鼓山水陸法會十一壇，沒有大壇、小壇之分，壇壇都是好壇。

水陸法會具備滿足世人一切祝願功能，具有殊勝的大功德。一般法會只誦某一部經，水陸則廣設諸壇，每一壇就是一堂佛事，並以無遮施食為基礎，所供養、救度的眾生，範圍相當廣泛，集「消災、普度、上供、下施」諸多殊勝功德於一。參加水陸法會能為過去、現在、未來所有眾生帶來平安和希望，但所獲得利益最多的還是參加者本身，讓自己找到生命的智慧和勇氣。

Question 33

爲何要參加三時繫念法會？

三時繫念法會，是常見爲亡者超度的法會之一。農曆七月寺院常會舉行一連串的法會，例如梁皇寶懺，在法會最後一天，會舉行三時繫念法會，讓整個法會功德圓滿。藉由三時繫念法會，阿彌陀佛的願力，不但能使亡者超脫苦海，往生西方極樂世界，並能爲生者消災，功德無邊。

緣起

三時繫念爲爲淨土宗念佛法門之一，元朝中峰明本禪師提倡淨土法門的最主要目的，是規勸淨土行者依淨土法門念佛修持得解脫，並憑彌陀願力，勸導亡靈往生西方極樂世界，永離茫茫業海和輪迴之苦，是冥陽兩利的佛事。

「三時」，一指早晨、日中、日沒之時，一指詮一切有、詮一切空、詮一切中三時，然而後世皆將三時連成一起，在日沒前後一氣做完。「繫念」指身、口、意三者觀《阿彌陀經》經文，而繫念往生阿彌陀佛極樂淨土。繫念的方法，就是「淨土三經」中的修學往生淨土的方法，即《觀無量壽經》講「一心繫念」，《無量壽經》講「一向專念」，《阿彌陀經》講「一心不亂」，所以「繫念」就是念佛的祕訣。

儀軌內容

三時繫念法會多在日沒前後，把三時的佛事做完，所以，大部分的佛事都在下午開始舉行，每一時約需一個半小時的時間，加上休息及藥石的時間，一天的佛事約需七到八個小時，法會圓滿約是晚間九至十點。如果能三時全程參與，時時繫念，當然是最殊勝的，但如果時間上眞的不允許，也可以隨喜參加任何一時的法會。最重要的，是在參加法會的當下，能專心一意，念佛至一心不亂。法會

（鄧博仁　攝）

的每一時佛事均是由誦《佛說阿彌陀經》、念佛、開示文、繞佛行道、懺悔、發願、唱讚等七部分組成。

第一時，開示行者（包括生、亡兩者），衆生所以受苦無盡，乃從貪欲而起，而貪欲更從忘卻自性、異念紛馳而來。欲離苦得樂，往生淨土，須信、願、行三者具足。故行者宜具深信、發切願，執持阿彌陀佛名號，一心不亂，其人臨命終時，心不顛倒，即得往生阿彌陀佛極樂國土。第二時，開示行者，心、佛、衆生三無差別，開顯唯心淨土、自性彌陀。雖法性湛然如是，然無生而生，業果儼然，故衆生循環諸趣，流轉四生，故行者須發露懺悔，洗除業垢，增長善根，捨此報緣，往生淨土。第三時，開示行者，「南無阿彌陀佛」六字名號之功德。一句阿彌陀佛名號即能坐斷六根，滅除八萬億劫生死重罪。猶如清珠投於濁水，濁水不得不清，故行者但須舉起佛號，一降直下，如太阿劍橫按當軒，斬盡無明煩亂，直到一心不亂、能所兩忘爲止。如此三時繫念阿彌陀佛萬德洪名，行願既深，功無虛棄，必能托質蓮胎，永離業海，直證阿鞞跋致（不退），圓滿無上菩提。

在三時繫念中最重要的，便是主法和尚的三段開示文。它是法會的精華，透過開示文的聽聞、熏修，便可以使亡靈和參與法會的大衆，契入佛智，進入彌陀願海，亡者可以心開意解，超生西方極樂淨土，蓮池海會，長相左右。而大衆可以對修學淨土法門，深具信心和願心。

三時繫念最重要的爲其三段開示文。開示的句子非常優美，意思也很圓滿，使人讀起來對西方世界確實生起無限嚮往與戀慕之心，若能在佛事當中隨文入觀，不但自己能得到利益，且必定能夠利益六道一切衆生。三時繫念佛事雖說是度亡之用，其實它的法益是遍及生亡的，甚至可以說生者的利益更大。因爲生者若能以至誠心讀誦聽講，並且能發願奉行，必能托質蓮胎，成就無上菩提。

Question

34

爲何要參加瑜伽焰口法會？

瑜伽焰口法會主要目的爲普度餓鬼道衆生，法會除了施食餓鬼，以解除他們的飢餓苦痛之外，更重要的是，爲他們說法，引領他們皈依、受戒，期使早日脫離苦道。而在超度鬼道衆生、利他的同時，自己也能夠藉此修行，增長福慧。

緣起

瑜伽焰口法會肇始於「阿難啓教」的故事，根據《佛說救拔焰口餓鬼陀羅尼經》記載，有一天，阿難在林間禪坐，忽見一個身形醜惡的餓鬼，名爲「焰口」，他的面貌枯槁，頭髮散披凌亂，頸喉纖細若針，肚腹脹大如山，口中正燃起火來，讓阿難嚇一大跳。

餓鬼特地提醒阿難因爲過去生的慳吝貪心業力使然，三天之後就會往生墮入餓鬼道。阿難聽後趕緊尋求佛陀協助。佛陀便將於過去世中所受「無量威德自在光明如來陀羅尼法」授與阿難，即是〈變食眞言〉，並命他加持陀羅尼法七遍，令食物變成甘露，充塞法界，使無量恆河沙一切餓鬼，皆能飲食飽滿，並爲餓鬼持誦經文。

儀軌內容

瑜伽焰口法會即是根據《佛說救拔焰口餓鬼陀羅尼經》所舉行的施食法會。唐代不空三藏於天寶年間譯出《瑜伽集要救阿難陀羅尼焰口軌儀經》；金剛智和不空兩位眞言宗祖師，更以《佛說甘露經．陀羅尼咒》與〈甘露水眞言〉兩咒爲本，集成《焰口儀軌》，經歷代大德增加顯密諸文，相傳至今，即成爲目前國內所流通的《瑜伽焰口施食要集》。

（鄧博仁　攝）

梵語「瑜伽」，意爲相應，根據清初寶華山德基大師所解釋，即是修法的僧眾，手結密印、口誦眞言咒語、意念專注於觀想，以使身與口、口與意、意與身，三者達到與戒、定、慧相應的境地。瑜伽焰口法會透過法會儀軌，施食餓鬼道眾生，並且追薦往生者的佛事。

瑜伽焰口肇始於密法的修持，於法會中，以誦持各種咒語、眞言以降魔，包括人們及孤魂野鬼的心魔、五蘊魔、煩惱魔及外境魔等。法師們並以手結諸印契等方式，期使人們透過身體的結印，幫助內心的專注觀想。法會中，特別稱誦〈召請文〉禮請餓鬼、橫死、孤魂、國王、孝子等所有眾靈皆來飲食，同時誦持《心經》、〈大悲咒〉及儀文等，讓人們與眾靈藉由聆聽經文、體悟佛法，以反省自身罪業，或可培植善根，或可一念心開，祛除煩惱執著，進而體悟覺者的悟境。

法會舉行時間多半在下午三點至晚上十點，開壇前，會先迎請五方諸佛及各種孤魂野鬼降臨壇場，在諸佛護持下，放焰口施食糖果、餅乾、米等給予餓鬼眾靈，以超度亡魂。

法會中，眾人以誦持咒語，降除眾靈與人們的心魔、外境魔等各種魔，法師並且手結密印，引領眾人虔誠專一心念，誦持《心經》、〈大悲咒〉及儀文，同時靜心觀想。最後法師持誦〈召請文〉，引領各孤魂亡靈，赴此道場，聽聞佛法，使亡魂都能得到超度。法會進行中，應專心於恭敬虔誠地恭請眾靈前來飲食，不要分心前去撿拾施食的食物，影響了法會進行，同時也避免引起眾靈的瞋恨念頭。

Question

35

爲何要參加新春法會？

大年初一開始，進入寺院祈福的民衆比起除夕更多，隨順大衆「走春」博得好彩頭的習俗，寺院會準備應景食物，例如「平安長壽」麵、「團圓圓滿」湯圓，發放「平安」蘋果、「吉利」橘子、「長生」花生、平安米等；並鼓勵大衆以拜懺做爲嶄新一年的開端。

新春普佛

最普遍的「新春普佛」法會，兩小時的法會，內容包括香讚、佛號、懺悔文、讚佛偈、拜願、三皈依、迴向。普佛是懺儀的一種，用意是懺悔往昔種種惡業，在心靈上除舊布新，祈求新的一年消災免障。

（許朝益　攝）

千佛懺

「千佛懺」也是新年期間常見的懺儀。千佛懺法會是依據《三千佛名經》，禮拜過去、現在、未來三千佛，每稱念一佛就禮佛一拜，通常要三天到五天才能完成，藉著至誠懇切的禮拜與懺悔，淨化身心，感受無比法喜。

半日就可以圓滿的「大悲懺」和「觀音法會」，也是開春常見的法會，讓大眾在新年伊始，就發願學觀音、做觀音，規畫一整年的菩薩行。

許多寺院會在初一修「金光明懺」，以香、花、燈、塗、果、茶、食、珠、寶、衣十供養設供，搭壇掛上諸天畫像或名號，稱為「齋天」，感恩諸天護法的恩德，同時為世界祈福。

4

與法相會，普度眾生

Question

36

禪修的人要放下一切，還需要參加法會嗎？

禪修所要放下的，是自己對外在一切的追求、執著心，包括期待、依賴等，才能脫離煩惱。禪修的目的仍在修正自己身、口、意三業的行爲，修行除了改變自己的習性之外，也在於幫助別人。在法會中，透過經典的唱誦、跪拜禮敬、法師的開示，有助於幫助自己發現許多不曾意識到的習性，進而改善。

參加法會是參與共修活動，大家一起來修行，是助道的因緣。如果有做焰口、施食等佛事，將慈悲心擴及靈界衆生，就是與衆生結善緣。生活當中處處都是禪修的機會，用禪修的觀念和方法來參加法會，也是禪修。

（鄧博仁　攝）

Question

37

法會只超度亡者嗎？

法會懺本上，常會看到「祈福消災」、「超薦亡者」等詞句，許多人也會藉著法會的誦經、布施、供養等善業修行，迴向祖先、過世親友、六親眷屬，祝禱他們仰仗三寶佛力，感生善處，超生佛國淨土。或是祈求仰仗共修的願力，及諸佛菩薩的加持力，使親友眷屬乃至一切眾生消災增福壽，現世生活能夠平安如意。

基本精神是以法相會

佛教並不反對法會具有超度、祈福的功用，只不過，消災和度亡並不是舉辦法會的重心。法會的基本精神是「以法相會」，是聽聞佛法、以佛法共修的聚會。法會結合梵唄、拜佛、持咒、誦念經文，透過懺悔、禮讚、發願、迴向等儀軌，由法師帶領並指導大眾熏修佛法，原本就是佛弟子重要的修行活動。

（江思賢　攝）

以元朝中峰明本禪師所制的三時繫念法會為例，儀軌蘊涵身、口、意三業繫念西方極樂淨土的精神，每一時都由主法法師陞座開示，用意在勸導亡者信願念佛、求生淨土；而參加法會的生者，若能專心讀誦聽講，發願奉行佛法，如此的一場法會，不僅亡者得超度，生者更是受用無盡，而達到「冥陽兩利」的法會功德。

契入佛法真義

因此，法會不僅止於消極的度亡，或是個人祈求現世利益。做為佛教的修行法門，終極的意義仍是藉由共修佛事，契入佛法真義，增長善根，繼而生起效法諸佛菩薩的願心、願行，使自心清淨安定，智慧增長，並將修行延續到日常生活中，由個人的心安平安，繼而影響周遭的人，使得社會安定祥和。此即《地藏經》所提到的，若為亡者做法會佛事以資福，七分的功德利益，亡者僅得其一，其餘的六分功德，都歸給實際參與大眾的一念虔心。

Question 38

寫了牌位就不用參加法會嗎？

有些人以爲，只要寫了牌位，交給法師誦經迴向，超薦和祈福的佛事就功德圓滿了；這只是心理的自我安慰，眞正消災祈福的功德很少。

邀請六道眾生聽聞佛法

在法會中寫牌位，就像發出「請帖」，昭告六道眾生在法會現場爲他們留了位置，邀請他們來聽聞佛法、共修念佛；如果邀請者自己都無心在意這場勝會，眾生來參加的意願也會很低。

一分誠心就有一分感應

寫了牌位，最好自己能全程參與，因爲法會是依眾、合眾的集體修行，參加

（鄧博仁　攝）

者的心是一致的，唱誦和動作是一致的，個人在其中就不容易散亂、懈怠，況且在道場氛圍的莊嚴與凝聚之下，容易生起修行的信心，由身心安定所散發出的法喜，受邀請的衆生靠著我們的念力與願力，也會安定下來，因而同霑一堂共修法會的法益。

如果無法全程參加法會，只要有心，參加一天就有一天的功德，拜一炷香就有一炷香的清淨，所謂「一分誠心就有一分感應」，只要心中眞誠爲衆生祈願，就有祝福的力量。

Question

39

拜懺眞的可以消業障嗎？

很多人以爲參加大悲懺、梁皇寶懺，就可以讓罪業清淨，或是認爲只要心裡知錯就可以了；事實上，並非拜懺之後，罪就沒有了，而是在坦白認錯與承擔之後，藉著發願改過，讓心得到清淨，進而放下心裡的牽掛障礙。

懺悔的功能

聖嚴法師在《正信的佛教》一書中指出，佛教確切地相信懺悔的功能。「懺悔的作用，是在毫不容情地自我反省和自我檢束；是在自覺心的警惕和自尊心的洗瀝，從此之後再不復犯；只要能有改過自新的決心，往事已過，不復追究，心地便會從罪惡感中得到解救，恢復平靜，這就是懺悔的功能。」

（許朝益　攝）

懺悔與發願

消災的原理，在於懺悔與發願。應該接受的果報，必須接受；但是在懺悔心生起之後，願心發起之時，未發生的果報也會跟著轉變。拜懺「消業障」的道理也是一樣，以佛法的究竟義來看發露懺悔，要能深觀罪業的本性，從而了解罪性本空，一切都是因緣和合而成，不是固定不變的。只不過，罪性雖空，造作惡業的因果仍在，所以並非透過空觀就能除罪，仍要在生活中如法修行，眞誠懺悔，並在受報之時了解那是必然的過程，坦然以對，不再造作新業，久而久之，身心便能逐漸獲得安定。

Question

40

什麼是功德主？

功德主就是供養寺院三寶的人，無論金額大小，每位布施的人皆是。由於布施供養的人數眾多，寺院通常會把布施額度大的功德主名字特別寫出來，以做為所有功德主的代表，同時表達寺院的感恩之意。

善行廣為人知，廣結善緣

僅寫下布施額度大的功德主名字，是為了避免使用過多紙張造成環境的負擔，從另一方面來說，功德主的善行可以藉此廣為人知，同時讓功德主與更多人結善緣，不僅鼓勵功德主發心護持三寶的願心、善心，也鼓勵更多人共同參與。

（鄧博仁　攝）

虔誠的供養心

儘管如此，布施的植福功德並不因金額的多少而有所增減，重要的是心念的虔誠與否。古代有所謂「貧女一燈」的故事，也是強調貧女虔誠供奉一燈的功德，在於她虔誠的供養心。至於在法會中的修行效果，則與個人的用功程度及心念有關，並不因為布施的金額大小而有所差別。

Question

41

打齋、消災、超薦等功德項目有何不同？

法會期間，想要利益大眾，最立竿見影的方法是財布施，有的人以體力、智力、技術擔任護持義工，更多人則會隨分隨力贊助法會。常見的法會功德項目，如打齋、甘露法食、護持道場、供僧、超薦、消災等，隨大眾發願，各有不同的發心，都有感恩回饋、種福田、結善緣、隨喜功德、成就大眾修行的意義。

打齋供眾

「打齋」的原意是「齋僧、飯食沙門」。在法會期間「打齋供眾」，就是隨力提供與會僧俗四眾的飲食。當我們在享用齋飯的同時，也要感謝發心護持的人，自己也願以同等的發心，繼續供養往後參加法會的人，與大眾同結法緣。而大眾在法會期間虔誠熏修，身心清淨，提供清淨飲食給正在修行的人，有如供養清淨僧衆，廣結善緣，培植無上福田。

「甘露法食」又稱「贊普」，是在瑜伽焰口法會時，召請法界衆生前來聽聞佛法，以佛法的法食供養，令衆生皆能得度，同時準備供物，以持咒及說法的方式，把供物化爲豐盛的甘露法食，讓餓鬼道衆生放下內心的執著，得到佛法的救濟。

此外，爲了讓道場日後還有經費籌辦法會，也可以贊助護持道場，即是「供養三寶」。或是藉舉辦法會的機緣，供養出家衆日常的「四事供養」，即飲食、衣服、臥具、醫藥等。

消災與超薦

大型法會的功德堂中，還有爲生者立「消災祿位」，爲亡者立「超薦蓮位」，前者是希望藉由布施供養三寶的功德，藉由法會共修誦經持咒願力及諸佛菩薩的

（鄧博仁　攝）

加持，祈求我們祝福的對象除災障、離病苦，得現世安樂；後者是祈願超薦的對象，前來聽聞佛法，放下心中的執著、結縛，而能心開意解，能依佛菩薩的慈悲願力，薦拔亡者出離苦趣，往生佛國或轉生善道。

這些布施供養項目之所以稱爲「功德項目」，是因爲我們對三寶見賢思齊，學習如何度衆生、修菩薩行，以能捨、喜捨的心，供養諸佛菩薩，以謙虛、清淨的身心布施大衆，因此和佛菩薩的精神相契，因爲這筆款項是存在無盡藏的戶頭裡，做爲成就衆生之用，功德廣大。

Question

42

爲何要點光明燈？

佛教的點光明燈儀式，有別於一般民間信仰「花錢消災」、「改運祈福」的觀念，其中蘊涵了甚深的法義。大致來說，供佛的燈可分成兩種：一種是誦經禮拜時，放置在佛前燃燒的油燈，例如酥油燈；另一種是「長明燈」（又名「無盡燈」），則是不分晝夜、恆常點燃。現今佛寺所點的光明燈，就是屬於「長明燈」。

點光明燈的功德

有關點光明燈的功德，經典中多處記載著：於佛像、佛塔、經卷前燃燈，能獲得不可思議的功德。如《增一阿含經》卷三十八提及，過去有一位長老比丘，因年老力衰，自覺無法勝任刻苦的禪修，於是便天天托缽乞求麻油、燈燭來供養寶藏如來，由於持燈油供佛的無上功德，寶藏如來授記他將在無數阿僧祇劫後成佛，號曰燈光如來。此外，《佛爲首迦長者說業報差別經》也談到，以油燈、燭火供佛，能獲得大福報、天眼、於善惡法得善智慧、流轉世間但常不在黑暗之處、速證涅槃等十種功德。

色光與心光

而佛教所指的光明，分爲「色光」與「心光」兩種。色光又稱身光，是指佛菩薩全身所放出的光明。心光，又稱智慧光，借以譬喻佛法的智慧就像光一樣明亮，能照破眾生幽暗的煩惱。因此，點光明燈一方面可以得到諸佛菩薩放光加持、消除業障；一方面也藉由點燈提醒自己要時常聽經聞法，運用佛法的道理來修行，增長自己的福報和智慧，並累積成佛的資糧。同時，在我們替所關心的人或自己點燈當下，那一念祝福的善願，便已爲自己和他人種下未來得度的因緣。再者，透過點燈的隨喜布施，亦能輾轉供養僧團、護持寺院，使佛法廣爲弘傳，利益更多的衆生，自己也在有形、無形之中，做到了財施與法施，獲得布施的功德。

點光明燈固然能達到消災祈福的效果，然而佛法講因果、緣起，屬於個人業報的部分，若因緣未盡，該承擔的果報還是得接受，並非點了光明燈就能一勞永逸，不必受報。不過經由點光明燈的因緣，接觸佛教進而了解佛法，使內心有所寄託，從此「諸惡莫作，衆善奉行」，改變不好的習性，善緣便自然聚集，災難也就漸漸消弭，這才是消災解厄、祈福轉運的方法，也是佛教點燈的眞正意義。

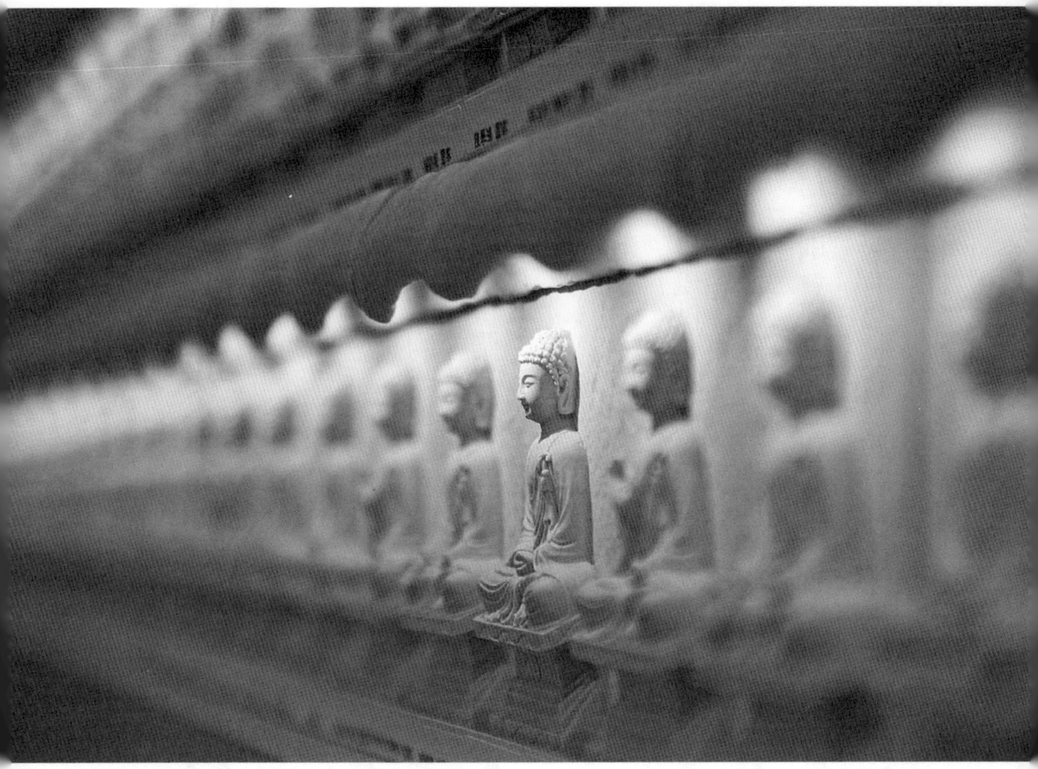

（許朝益　攝）

Question

43

點燈時爲何要布施金錢或物資給寺院？

佛教早期並沒有點燈祈福的法會儀式，點燈原來僅是寺院爲了照明所需，或是僧人們供養諸佛菩薩的一種方式。由於寺院接受民衆各種物資或金錢的供養護持，於是信衆也會一併購買油、燈芯、燈具等物品貢獻寺院，以方便寺院點燈。

祈福的法會儀式

後來僧人們以燈供養的行爲慢慢地影響信衆，信衆也開始仿效，爲了祈求加持福慧平安等心願而主動地點燈供佛了。只是僧人供養諸佛菩薩是爲了修行與發願，但一般信衆則會將圓滿心願的企求投射在點燈的供養上，久而久之，爲了因應社會環境與信衆有這種祈福的需要，點燈演變成爲一種祈福的法會儀式，並且被納入日常的法務佛事中了。

（許朝益　攝）

點燈護持道場

原本點燈的各種資材都是由信眾各自張羅，但隨著點燈的儀式化與統一化，就變成由寺院來統籌辦理，人們只要發心捐款布施即可，讓一般大眾省去許多採買和運送的麻煩。不過信眾們的點燈布施通常會連帶對於道場運作的捐獻，表達對於道場的信賴與發心，所以點燈除了許願祈福之外，又加上了一層護持道場的意義。

Question

44 可以爲寵物寫牌位嗎？

寵物也是我們的六道眷屬，所以可以爲牠們寫牌位。而且不僅只有家裡的寵物，我們一樣可以爲其他的動物寫牌位，例如實驗室中用來做實驗的動物，或是無意中被傷害或遭盜獵的動物等，甚至是流浪貓狗、受傷的飛禽、家畜等，透過寫消災或超薦牌位，一方面傳遞我們的祝福，另一方面也邀請牠們來聽聞佛法，希望爲牠們種下善因，早日脫離畜生道轉生爲人，修行得解脫。

Question

45

如何區別消災牌位和超薦牌位？

通常在法會中常見到消災、超薦兩種牌位，消災的對象是在世的人，牌位為紅色；超薦的對象則是過世的人，所寫牌位為黃色。人生在世往往會面臨許多未知的災難，藉由法會中的消災牌位，表示一種關懷與祝福，祈求佛菩薩的加持，消災解厄。對於已經往生的親人，則以誦經做功德為他超薦，能往生善趣。

一般來說，參加超度法會為親人或亡者寫牌位時，往往會同時布施金錢做為供養，供養是做為護持三寶、弘揚佛法，以幫助更多人有機會參與法會，利益更多在世及往生的有情眾生，因此布施有其功德。至於消災和超薦的力量，最主要在於功德主的心念。因此，只要心存誠意，以心念表達祝福親人平安、順利，及對於所有靈界眾生的關懷，也能夠達到同樣的效果。

Question

46 爲何法會能傳達對亡者的關懷？

佛教認爲，對往生者最好的祝福就是使其聽聞佛法，化解煩惱業力，而得超生離苦。佛法講求感應，感應的動力，就是至誠心，而親人之間的親情，最能引發至誠懇切之心。地藏王菩薩在過去久遠的時劫中，曾經數度爲孝女，每次均以至誠心爲亡母做佛事，拜佛、供佛、念佛、求佛，感得佛與羅漢等指引，而使亡母超度。

親人往生後，無論是轉生到哪一道，當你希望爲過世的親人參加法會、做功德時，當時的至誠心，必能感應已亡故的親屬如期前往聽經。縱然親人在生之時未曾聽過一句佛法，往生後聽經，也能依其善根通解信受。

（許朝益　攝）

Question

47

超度亡魂必須燒香和燒紙錢嗎？

法會中的燃香，目的是莊嚴道場，同時藉此傳達供養佛菩薩的至誠心。所以，焚香有其需要，但應考慮香的品質和焚香的數量，是否會造成環境、空氣的汙染，或造成參加法會的人有不適的現象。至於對亡者的祝福，不需要用香來傳達，而是用至誠心感應亡者前來聽經，接受佛法的開示。

燒紙錢的民間習俗

至於燒紙錢的習俗，是自漢朝以後開始，比如唐朝的太常博士王嶼說：「漢以來，喪葬瘞錢，後世以紙寓錢爲鬼事。」中國人自古以來，都以爲人死後變成鬼，猜想鬼的世界也同人間一樣，生活也需要用錢。至於用火焚燒，可能與拜火教有關，相信火神能將所燒的東西傳達給鬼神。

（江思賢　攝）

燒紙錢是不必要的

然而，佛教並沒有燒紙錢給亡者的觀念，如果，模擬人道中錢幣的觀念，燒給亡故的人，反而會引起亡者的執著貪戀，而紙錢又未必有用，所以，燒紙錢是不必要的。佛教一切都主張虔誠心的感應，心意才是最重要，不用透過燒紙錢的方式表達。

Question

48

每年都要重新寫牌位，是不是超薦無效？

許多人年年寫消災、超薦牌位，心裡卻不免納悶這樣做到底有沒有用？首先，我們要知道牌位的由來與作用，這是佛教流傳到中土後漢化才有的形式，在印度並沒有這樣的作法；佛教在中國順應了儒、道尊重亡者的傳統，寫牌位讓亡者有所依，並能進一步接受佛法的方便法。透過拜懺與寫牌位邀請亡者聽法，是冥陽兩利的佛事。

迴向修善的功德

佛教相信超度的作用，但是有其一定的限度，仰賴佛菩薩的超度只是一種次要的力量，而不是主要的力量。所以修善的主要時間是在現世當中的行爲，若在死後，由活著的親屬超度亡者，雖以修善的功德迴向給亡者，《地藏經》中提到亡者也僅得到七分之一的利益，其餘的六分，乃屬爲做超度、誦經的人所得。

修持慈悲與懺悔

至於爲何要年年拜懺、寫牌位，這就像我們聽聞佛經，聽一遍不一定能馬上懂，要聽聞多遍才能有所意會，拜懺的確對超薦、消業障有幫助，我們累劫以來不知造了多少罪障，不可能只拜一次就將所有罪障滌清。罪障就像大火，多水才能滅大火；少水滅不了大火，並不是水不能滅火。而且拜懺是在修持慈悲與懺悔，提醒我們時時處處都要心懷慈悲，不忘反省己過，將拜懺的精神落實在日常生活裡。

Question

49

雲端牌位效力和傳統牌位一樣？

有些寺院在舉辦法會時，已改採雲端牌位，什麼是雲端牌位呢？就是把原本寫在紙牌位上的名字，轉爲輸入電腦，利用光影科技投影雲端牌位，取代焚燒紙製牌位的儀式，讓法會儀軌既如法又環保。有些人擔心這樣做，會減損功德，其實這樣的顧慮是多餘的。

以心力和願力感通被超度者的業力

佛教的觀念認爲，被超度的對象能否得超度，重點不在燒化一紙牌位，而是來自我們對佛法的信心，加上大眾在法會共修的力量、佛菩薩慈悲力的感應，將我們的心力與佛菩薩的願力，感通了被超度者的業力，彼此連通一氣，所以能得到超度。

（鄧博仁　攝）

中國傳統文化慣以「牌位」表徵神靈的依附，佛教在中國為了順應傳統，因此也在法會中設立牌位，做為大眾進一步接受佛法的方便法。在歷史記載中，也曾使用石牌位、木匣、木牌位、紙牌位等不同材質的牌位；由此可見，牌位的媒材並不是不可更動。

不應執著於形式

超度其實是觀念的轉變，不應執著於形式，要順應時代媒材的演變，放下執著，這才是眞正的超度。因此，用什麼方式來呈現牌位並不重要，而是我們的心念要傳遞或表達什麼才是最重要的。

Question

50

網路共修也算參加法會嗎？

藉著科技發展之便，和網路連線的普及，許多寺院道場舉辦法會期間，也會在網路上同步直播，利益沒有因緣到法會現場共修的大眾。只要坐在電腦螢幕前，就能與法會現場同步連線，讓法會修行跨越時空限制，延伸到各家戶和世界各角落。所以，網路共修也是一堂共修。

行禮如儀

網路共修雖然無法像現場一樣一應俱全，也要行禮如儀，該注意的地方有哪些？若自己家裡有佛堂或佛桌，可以把電腦置於佛桌上，如果平常就有供香、供水、供花、供果等供養，均須如常。如果無佛堂或佛桌，就把電腦置於清淨的桌面上；若有適當空間，可以再供奉佛像，供香、供水、供花、供果等，酌量布置

（江思賢　攝）

即可，但要以虔敬心，保持環境清淨。可以穿上海青或輕便寬鬆的衣著，方便跟隨大眾跪拜禮佛，或在座位上行問訊禮也可以。

如同身在法會現場

一切準備就緒，身心放鬆，法會開始後，隨現場監香法師指令，聽從法器訊號，禮佛、唱誦，翻閱電子經書，隨時收攝自己的身、口、意，盡量保持靜語或禁語，就能領受現場法會的莊嚴和共修的法喜。

學佛入門Q&A 3

法會50問

50 Questions about Dharma Assemblies

著者	法鼓文化編輯部編著
攝影	王傳宏、江思賢、李東陽、吳嘉峯、許朝益、鄧博仁
出版	法鼓文化
總監	釋果賢
總編輯	陳重光
編輯	張晴
美術設計	和悅創意設計有限公司
地址	臺北市北投區公館路186號5樓
電話	(02)2893-4646
傳真	(02)2896-0731
網址	http://www.ddc.com.tw
E-mail	market@ddc.com.tw
讀者服務專線	(02)2896-1600
初版一刷	2015年1月
初版四刷	2022年1月
建議售價	新臺幣180元
郵撥帳號	50013371
戶名	財團法人法鼓山文教基金會—法鼓文化
北美經銷處	紐約東初禪寺 Chan Meditation Center (New York, USA) Tel: (718)592-6593 E-mail: chancenter@gmail.com

法鼓文化

國家圖書館出版品預行編目資料

法會50問 / 法鼓文化編輯部編著. -- 初版.
-- 臺北市 : 法鼓文化, 2015. 01
面；　公分
ISBN 978-957-598-662-9(平裝)

1.佛教法會 2.佛教儀注 3.問題集

224.12022　　103024678